中国式现代化研究丛书
张东刚 刘 伟 总主编

走向现代财政："国家治理财政"视角

吕冰洋◎著

中国人民大学出版社
· 北京 ·

中国式现代化：
强国建设、民族复兴的必由之路

历史总是在时代浪潮的涌动中不断前行。只有与历史同步伐、与时代共命运，敢于承担历史责任、勇于承担历史使命，才能赢得光明的未来。2022年10月，习近平总书记在党的二十大报告中庄严宣示："从现在起，中国共产党的中心任务就是团结带领全国各族人民全面建成社会主义现代化强国、实现第二个百年奋斗目标，以中国式现代化全面推进中华民族伟大复兴。"2023年2月，习近平总书记在学习贯彻党的二十大精神研讨班开班式上发表重要讲话进一步强调："概括提出并深入阐述中国式现代化理论，是党的二十大的一个重大理论创新，是科学社会主义的最新重大成果。中国式现代化是我们党领导全国各族人民在长期探索和实践中历经千辛万苦、付出巨大代价取得的重大成果，我们必须倍加珍惜、始终坚持、不断拓展和深化。"习近平总书记围绕以中国式现代化推进中华民族伟大复兴发表的一系列重要讲话，深刻阐述了中国式现代化的一系列重大理论和实践问题，是对中国式现代化理论的极大丰富和发展，具有很强的政治性、理论性、针对性、指导性，对于我们正确理解中国式现代化，全面学习、全面把握、全面落实党的二十大精神，具有十分重要的意义。

现代化是人类社会发展到一定历史阶段的必然产物，是社会基本矛盾运动的必然结果，是人类文明发展进步的显著标志，也是世界各国人民的共同追求。实现现代化是鸦片战争以来中国人民孜孜以求的目标，也是中国社会发展的客观要求。从 1840 年到 1921 年的 80 余年间，无数仁人志士曾为此进行过艰苦卓绝的探索，甚至付出了血的代价，但均未成功。直到中国共产党成立后，中国的现代化才有了先进的领导力量，才找到了正确的前进方向。百余年来，中国共产党团结带领人民进行的一切奋斗都是围绕着实现中华民族伟大复兴这一主题展开的，中国式现代化是党团结带领全国人民实现中华民族伟大复兴的实践形态和基本路径。中国共产党百年奋斗的历史，与实现中华民族伟大复兴的奋斗史是内在统一的，内蕴着中国式现代化的历史逻辑、理论逻辑和实践逻辑。

一个时代有一个时代的主题，一代人有一代人的使命。马克思深刻指出："人们自己创造自己的历史，但是他们并不是随心所欲地创造，并不是在他们自己选定的条件下创造，而是在直接碰到的、既定的、从过去承继下来的条件下创造。"中国式现代化是中国共产党团结带领中国人民一代接着一代长期接续奋斗的结果。在新民主主义革命时期，党团结带领人民浴血奋战、百折不挠，经过北伐战争、土地革命战争、抗日战争、解放战争，推翻帝国主义、封建主义、官僚资本主义三座大山，建立了人民当家作主的新型政治制度，实现了民族独立、人民解放，提出了推进中国式现代化的一系列创造性设想，为实现现代化创造了根本社会条件。在社会主义革命和建设时期，党团结带领人民自力更生、发愤图强，进行社会主义革命，推进社会主义建设，确立社会主义基本制度，完成了中华民族有史以来最广泛而深刻的社会变革，提出并积极推进"四个现代化"的战略目标，建立起独立的比较完整的工业体系和国民经济体系，在实现什么样的现代化、怎样实现现代化的重大问题上作出了宝贵探索，积累了宝贵经验，为现代化建设奠定了根本政治前提和宝贵经验、理论准备、物质基础。在改革开放和社会主义建设新时期，党团结带领人民解放思想、锐意进取，实现了新中国成立以来党的历史上具有深远意义的伟大转折，确立党在社会主义初级阶段的基本路线，坚定不移推进改革开放，开创、坚持、捍卫、发展中国特色社会主义，在深刻总结我国社会主义现代化建设正反两方面经验基础上提出了"中国式现代化"的命题，提出了"建设富强、民主、文明的社会主义现代化国家"的目标，制定了到 21 世纪中叶分三步走、基本实现社会主义现代化的发展战略，让中国大踏步赶上时代，为中国式现代化提供了充满新的活力的体制保证和快速发展的物质条件。进入中国特色社会主义新时代，以习近平同志为核心的党中央团结带领人民自信自强、守正创新，成功推进和拓展了中国式现代化。我们党在认识上不断深化，创立了习近平新时代中国特色社会主义思想，实现了马克思主义中国化时代化新的飞跃，为中国式现代化提供了根本遵循。明确指出中国式现代化是人口规模巨大的现代化、是全体人民共同富裕的现代化、是物质文明和精神文明相协调的现代化、是人与自然和谐共生的现代化、是走和平发展道路的现代化，揭示了中国式现代化的中国特色和科学内涵。在实践基础上形成的中国式现代化，其本质要求是，坚持中国共产党领导，坚持中国特色社会主义，实现高质量发展，发展全过程人民民主，丰富人民精神世界，实现全体人民共同富裕，促进人与自然和谐共生，推动构建人类命运共同体，创造人类文明新形态。习近平总书记强调，在前进道路上，坚持和加强党的全面领导，坚持中国特色社会主义道路，坚持以人民为中心的发展思想，坚持深化改革开放，坚持发扬斗争精神，是全面建设社会主义现代化国家必须牢牢把握的重大原则。中国式现代化理论体系的初步构建，使中国式现代化理论与实践更加清晰、更加科学、更加可感可行。我们党在战略上不断完善，深入实施科教兴国战略、人才强国战略、乡村振兴战略等一系列重大战略，为中国式现代化提供坚实战略支撑。我们党在实践上不断丰富，推进一系列变革性实践、实现一系列突破性进展、取得一系列标志性成果，推动党和国家事业取得历史性成就、发生历史性变革，特别是消除了绝对贫困问题，全面建成小康社会，为中国式现代化提供了更为完善的制度保证、更为坚实的物质基础、更为主动的精神力量。

思想是行动的先导，理论是实践的指南。毛泽东同志深刻指出："自从中国人学会了马克思列宁主义以后，中国人在精神上就由被动转入主动。"中国共产党是为中国人民谋幸福、为中华民族谋复兴的使命型政党，也是由科学社会主义理论武装起来的学习型政党。中国共产党的百年奋斗史，也是马克思主义中国化时代化的历史。正如习近平总书记所指出的："中国共产党为什么能，中国特色社会主义为什么好，归根到底是马克思主义行，是中国化时代化的马克思主义行。"一百多年来，党团结带领人民在中国式现代化道路上推进中华民族伟大复兴，始终以马克思主义为指导，不断实现马克思主义基本原理同中国具体实际和中华优秀传统文化相结合，不断将马克思关于现代社会转型的伟大构想在中国具体化，不断彰显马克思主义现代性思想的时代精神和中华民族的文化性格。可以说，中国式现代化是科学社会主义先进本质与中华优秀传统文化的辩证统一，是根植于中国大地、反映中国人民意愿、适应中国和时代发展进步要求的现代化。中国式现代化理论是中国共产党团结带领人民在百年奋斗历程中的思想理论结晶，揭示了对时代发展规律的真理性认识，涵盖全面建设社会主义现代化强国的指导思想、目标任务、重大原则、领导力量、依靠力量、制度保障、发展道路、发展动力、发展战略、发展步骤、发展方式、发展路径、发展环境、发展机遇以及方法论原则等十分丰富的内容，其中习近平总书记关于中国式现代化的重要论述全面系统地回答了中国式现代化的指导思想、目标任务、基本特征、本质要求、重大原则、发展方向等一系列重大问题，是新时代推进中国式现代化的理论指导和行动指南。

大道之行，壮阔无垠。一百多年来，党团结带领人民百折不挠，砥砺前行，以中国式现代化全面推进中华民族伟大复兴，用几十年时间走过了西方发达国家几百年走过的现代化历程，在经济实力、国防实力、综合国力和国际竞争力等方面均取得巨大成就，国内生产总值稳居世界第二，中华民族伟大复兴展现出灿烂的前景。习近平总书记在庆祝中国共产党成立100周年大会上的讲话中指出："我们坚持和发展中国特色社会主义，推动物质文明、政治文明、精神文明、社会文明、生态文明协调发展，创造了中国式现代化新道路，创造了人类文明新形态。"我们党科学擘画了中国式现代化的蓝图，指明了中国式现代化的性质和方向。党团结带领人民开创和拓展中国式现代化的百年奋斗史，就是全面推进中华民族伟大复兴的历史，也是创造人类文明新形态的历史。伴随着中国人民迎来从站起来、富起来再到强起来的伟大飞跃，我们党推动社会主义物质文明、政治文明、精神文明、社会文明、生态文明协调发展，努力实现中华文明的现代重塑，为实现全体人民共同富裕奠定了坚实的物质基础。中国式现代化是马克思主义中国化时代化的实践场域，深深植根于不断实现创造性转化和创新性发展的中华优秀传统文化，蕴含着独特的世界观、价值观、历史观、文明观、民主观、生态观等，在文明交流互鉴中不断实现综合创新，代表着人类文明进步的发展方向。

从国家蒙辱到国家富强、从人民蒙难到人民安康、从文明蒙尘到文明复兴，体现了近代以来中华民族历经苦难、走向复兴的历史进程，反映了中国社会和人类社会、中华文明和人类文明发展的内在关联和实践逻辑。中国共产党在不同历史时期推进中国式现代化的实践史，激活了中华文明的内生动力，重塑了中华文明的历史主体性，以面向现代化、面向世界、面向未来的思路建设民族的、科学的、大众的社会主义文化，以开阔的世界眼光促进先进文化向文明的实践转化，勾勒了中国共产党百余年来持续塑造人类文明新形态的历史画卷。人类文明新形态是党团结带领人民独立自主地持续探索具有自身特色的革命、建设和改革发展道路的必然结果，是马克思主义现代性思想和世界历史理论同中国具体实际和中华优秀传统文化相结合的产物，是中国共产党百余年来持续推动中国现代化建设实践的结晶。习近平总书记指出："一个国家走向现代化，既要遵循现代化一般规律，更要符合本国实际，具有本国特色。中国式现代化既有各国现代化的共同特征，更有基于自己国情的鲜明特色。"世界上没有放之四海而皆准的现代化标准，我们党领导人民用几十年时间走完了西方发达国家几百年走过的工业化进程，在实践创造中进行文化创造，在世界文明之林中展现了彰显中华文化底蕴的一种文明新形态。这种文明新形态既不同于崇尚资本至上、见物不见人的资本主义文明形态，也不同于苏联东欧传统社会主义的文明模式，是中国共产党对人类文明发展作出的原创性贡献，体现了现代化的中国特色和世界历史发展的统一。

中国式现代化是一项开创性的系统工程，展现了顶层设计与实践探索、战略与策略、守正与创新、效率与公平、活力与秩序、自立自强与对外开放等一系列重大关系。深刻把握这一系列重大关系，要站在真理和道义的制高点上，回答"中华文明向何处去、人类文明向何处去"的重大问题，回答中国之问、世界之问、人民之问、时代之问，不断深化正确理解和大力推进中国式现代化的学理阐释，建构中国自主的知识体系，不断塑造发展新动能新优势，在理论与实践的良性互动中不断推进人类文明新形态和中国式现代化的实践创造。

胸怀千秋伟业，百年只是序章。习近平总书记强调："一个国家、一个民族要振兴，就必须在历史前进的逻辑中前进、在时代发展的潮流中发展。"道路决定命运，旗帜决定方向。今天，我们比历史上任何时期都更接近中华民族伟大复兴的目标，比历史上任何时期都更有信心、有能力实现这个宏伟目标。然而，我们必须清醒地看到，推进中国式现代化，是一项前无古人的开创性事业，必然会遇到各种可以预料和难以预料的风险挑战、艰难险阻甚至惊涛骇浪。因而，坚持运用中国化时代化马克思主义的思想方法和工作方法，坚持目标导向和问题导向相结合，理顺社会主义现代化发展的历史逻辑、理论逻辑、实践逻辑之间的内在关系，全方位、多角度解读中国式现代化从哪来、怎么走、何处去的问题，具有深远的理论价值和重大的现实意义。

作为中国共产党亲手创办的第一所新型正规大学，始终与党同呼吸、共命运，服务党和国家重大战略需要和决策是中国人民大学义不容辞的责任与义务。基于在人文社会科学领域"独树一帜"的学科优势，我们凝聚了一批高水平哲学社会科学研究团队，以习近平新时代中国特色社会主义思想为指导，以中国式现代化的理论与实践为研究对象，组织策划了这套"中国式现代化研究丛书"。"丛书"旨在通过客观深入的解剖，为构建完善中国式现代化体系添砖加瓦，推动更高起点、更高水平、更高层次的改革开放和现代化体系建设，服务于释放更大规模、更加持久、更为广泛的制度红利，激活经济、社会、政治等各个方面良性发展的内生动力，在高质量发展的基础上，促进全面建成社会主义现代化强国和中华民族伟大复兴目标的实现。"丛书"既从宏观上展现了中国式现代化的历史逻辑、理论逻辑和实践逻辑，也从微观上解析了中国社会发展各领域的现代化问题；既深入研究关系中国式现代化和民族复兴的重大问题，又积极探索关系人类前途命运的重大问题；既继承弘扬改革开放和现代化进程中的基本经验，又准确判断中国式现代化的未来发展趋势；既对具有中国特色的国家治理体系和治理能力现代化进行深入总结，又对中国式现代化的未来方向和实现路径提出可行建议。

展望前路，我们要牢牢把握新时代新征程的使命任务，坚持和加强党的全面领导，坚持中国特色社会主义道路，坚持以人民为中心的发展思想，坚持深化改革开放，坚持发扬斗争精神，自信自强、守正创新，踔厉奋发、勇毅前行，在走出一条建设中国特色、世界一流大学的新路上，秉持回答中国之问、彰显中国之理的学术使命，培养堪当民族复兴重任的时代新人，以伟大的历史主动精神为全面建成社会主义现代化强国、实现中华民族伟大复兴作出新的更大贡献！

自　序

　　对从事财政研究的人来说，2013 年党的十八届三中全会的召开，既是中国现代化进程中的一个历史性事件，也是改变财政研究和改革方向的一个大事件。这次会议明确提出"财政是国家治理的基础和重要支柱"这一重要论断，并提出要"建立现代财政制度"。2017 年，党的十九大报告进一步强调"加快建立现代财政制度"。2021 年，"十四五"规划提出关于"建立现代财税金融体制"的若干构想。2022 年，党的二十大吹响了以中国式现代化全面推进中华民族伟大复兴的号角。财政作为政府行动的集中体现，必然在推进国家治理、推进中国式现代化、推进中华民族伟大复兴中起到重要作用。近十年来，中国财政学界不断在思考：财政推动国家治理的理论基础是什么？该建立什么样的现代财政制度？

　　仔细想一下，党中央提出这个论断也不稀奇。揆诸历史，财政被称为"庶政之母""邦国之本"，在国家治理中处于核心地位。国务院原总理温家宝曾说："一个国家的财政史是惊心动魄的。如果你读它，会从中看到不仅是经济的发展，而且是社会的结构和公平正义。"站在改革者的角度看，财政必然与国家治理的诸多方面密切相关。在传统财政学研究框架下，财政被作为一门公共经济学看待，它主要研究的是政府与市场间的经济关系，由此所建立的理论也存在较大的局限性。国家治理是"五位一体"的治理体系，政治、经济与社会，哪个不与财政有着密切关系？

学界一直为财政学究竟属不属于经济学而展开争论，我认为，学科分类只是为教育和科研的管理方便而设，社会实践本身是生动的，它的运动轨迹只受实践法则约束，哪会只在学科藩篱内活动？只要是能够更好地将实践上升到理论，只要是能够有利于实践问题解决，那么任何学科的学者都可以参与财政研究。何况，跨学科研究说不定有移步换景之妙呢。

党的十八大后，我一直围绕着"国家治理财政"与"构建现代财政制度"这两大主题展开研究，2016 年主持了国家社会科学基金重大项目"现代治理框架下的中国财税体制研究"。在研究过程中，我慢慢形成"国家治理财政"论分析框架，并在这个框架下提出构建现代财政制度的一系列设想，其成果就集中在本书中。

概括而言，本书关于"国家治理财政"论的主要观点为：财政活动的出发点应从提供公共物品到增进公共秩序；以"经济有效、社会有序、政治包容"为目标可建立"国家治理财政"的基本框架；现代财政制度的职能为保护、生产和分配；国家能力的核心是市场增进能力和组织动员能力，财政对两者均发挥重要作用；财政制度设计要注重调动中央与地方两个积极性，而积极性的内涵会随着历史发展阶段而变化。

本书关于"构建现代财政制度"的主要观点为：预算制度建设要民主法治、透明高效；财政收入制度要法定统一、嵌入社会；财政支出制度要社会参与、保护社会；政府间财政关系要寓活力于秩序。涉及具体财政制度改革设计,观点为:财政事权分配要按分权与制衡相结合原则,向中央政府和县级政府两头集中;干部派遣实际上是中国特色的以人为主的转移支付;在"上下相维"治理结构中,分类转移支付可以兼顾调动地方积极性与解决政府偏好错位问题,应该在转移支付体系中给予明确定位并扩大规模;税制改革的方向是征税环节要从国民收入循环体系中下移,并增加受益性税种;可以考虑开征零售税并作为地方税;增值税分享规则应从生产地原则转为消费地原则;个人所得税改革方向是重视收入功能、发挥局部而非全局调节功能;当前房地产税改革应以中央税而非地方税为方向进行设计。

这些观点多少带有思想实验的性质,难免会有不落地的嫌疑。我深知,财政是各方利益博弈的平台,提出改革设想很容易,现实中每动一步似乎都要付出千钧之力。然而,历史前行的车轮往往缓慢而执着,当某一天我们回头看时,会猛然发现"财政史是惊心动魄的"!在中国特色社会主义进入新时代的大背景下,财政制度要不断地配合时代变局做出调整。作为研究者,我最大的乐趣是在观察现实基础上可以超越现实纠葛,在思想上推演中国特色财政理论的逻辑,并设计有助于建设社会主义现代化国家的现代财政制度。在这种时代大变局中,如果这些思想实验居然有几个落地,并且在推进中国式现代化中发挥出较大的作用,那就是我最开心的事了。

本书入选中国人民大学"中国式现代化研究丛书",感谢中国人民大学和中国人民大学出版社的支持。书中部分章节是我与我的学生的合作成果,其中,第四章和第五章关于政府间财政关系研究的合作者是台航(现在全国人大常委会预算工作委员会工作),第七章关于中国税制改革逻辑研究的合作者是张兆强（现在首都经济贸易大学财政税务学院任教），感谢他们的参与研究。书稿是在我于《管理世界》《政治学研究》《社会学研究》《财贸经济》《税务研究》《财经智库》《经济社会体制比较》等期刊上发表的文章的基础上重新整理而成，感谢这些期刊及其编辑的支持。

是为序。

吕冰洋

目　录

第一章

财政的出发点：从公共物品到公共秩序

| 第一节 |
什么是财政？

一、理财之政：中国财政画像

所谓财政，"财"为政府收支，"政"为政府收支的治理，财政就是政府收支及其治理①。我们随时在享用政府提供的公共物品，如公路、公园、治安、义务教育等。也随时在交税，如收入要交个人所得税，购买商品时商品中含有间接税。可以说财政活动无处不在，我们每天都会接触到它。

2013 年 11 月，党的十八届三中全会关于财政制度建设方向提出了一个关键点："建立现代财政制度"。之后在党的数个重要文献，如党的十九大报告和"十四五"规划中，多次强调要"加快建立现代财政制度"。为什么要在这个历史节点上强调"建立现代财政制度"？回顾新中国的历史，关于财政目标的定位经历了两个重要阶段：20 世纪 90 年代中期以前，强调的是"建设财政"；90 年代中期以后，强调的是"公共财政"。建设财政是伴随着计划经济而确定的财政制度建设方向，强调财政要为经济增长服

---

① 陈共. 财政学. 10 版. 北京：中国人民大学出版社，2020.

务；公共财政是伴随着社会主义市场经济逐步确立而确定的财政制度建设
方向，强调财政为市场经济提供好公共物品和公共服务，即所谓"聚众人
之财办众人之事"。这两个提法均强调财政的经济功能，而忽视财政的政
治功能，忽视财政与国家治理的密切联系。当前，中国改革的总目标是
"完善和发展中国特色社会主义制度、推进国家治理体系和治理能力现代
化"。为推动改革目标的实现，推动中国建设社会主义现代化强国目标的
实现，财政制度就要随之向建立现代财政制度方向迈进。

如何建立现代财政制度？这个问题吸引了学界和财税实践部门的极大
关注。建立现代财政制度是一个系统性工程，它需要理论创新、规律把
握、问题剖析和制度建设四者的结合。在研究现代财政制度之前，让我们
先给中国财政做一个画像。

先看政府收入。中国政府收入由四本预算组成，在 2020 年分别为：
一般公共预算收入 182 895 亿元，政府性基金预算收入 93 489 亿元，国有
资本经营预算收入 4 778 亿元，社会保险基金预算收入 72 116 亿元。一般
公共预算收入由税收收入和非税收入组成，其规模分别是 154 310 亿元和
28 585 亿元。针对这种政府收入结构，我们会产生这样的疑问：政府收入
为什么不以税收为主？税收的来源反映了什么？税制结构反映了什么问
题？税收与社会治理是什么关系？政府性基金预算规模为什么这么大？社
会保险基金预算收入能否满足社会保障需要？……

社会各界普遍关注中国宏观税负问题，那么我们观察一下中国宏观税
收负担的变化。度量宏观税负有三种口径：小口径是税收收入占 GDP 的
比重；中口径是财政收入占 GDP 的比重；大口径是政府收入占 GDP 的比

重。1980—2020 年的测算结果见图 1－1①。可以看到，我国宏观税负可以大致分为三个时期：1980—1994 年处于下降期，1995—2013 年处于上升期，2014 年后又处于下降期。针对中国税收负担变化，我们会产生这样的疑问：我国宏观税收负担是轻还是重？判断宏观税负轻重的标准是什么？政府收入规模变动的原因是什么？政府收入与国家能力建设是什么关系？……

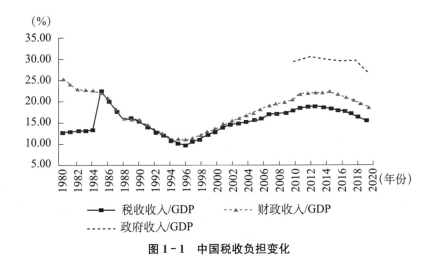

图 1－1　中国税收负担变化

资料来源：中国财政年鉴 2020. 北京：中国财政杂志社，2021.

政府取得财政收入后，资金都用于哪里呢？图 1－2 显示了我国财政一般公共预算支出中占比超过 1％ 的部分。可以看到，我国财政资金重点用于教育、社会保障和就业、农林水事务等。那么，财政支出为什么会呈现出这种结构？财政支出要实现的目的是什么？我们是否能进一步了解财政每一项支出的具体用途？财政支出决策是谁做出的？如何判断财政支出合

---

① 中国政府收入不等于财政四本预算收入的加总，主要原因是社会保险基金预算收入中有一部分来自财政支出，土地出让收入有一部分要用于成本补偿性支出。（吕冰洋，詹静楠，李钊. 中国税收负担：孰轻孰重？. 经济学动态，2020（1）：18-33.）

理与否？……

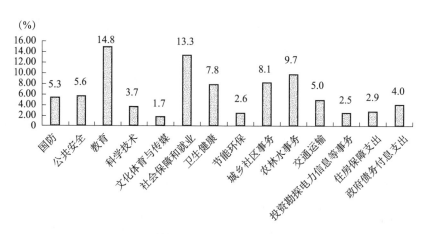

图 1 - 2　我国财政一般公共预算支出结构（2020 年）

资料来源：中国财政年鉴 2020. 北京：中国财政杂志社，2021.

　　我们观察一下中央与地方财政的关系。图 1 - 3 显示了地方财政一般公共预算收入和支出分别占全国财政一般公共预算收入和支出比重的变化。可以看到，改革开放以来，地方财政支出占比一路上升，而地方财政收入占比在 1994 年后陡然下降，地方财政收支缺口越来越大，这中间巨大的缺口，主要靠中央对地方转移支付来解决。相应地，图 1 - 4 显示，在近年的中央财政支出中，有近 70% 用于对地方转移支付。那么，我们会提出这样的问题：中央与地方财政关系代表着什么？其变化的内在逻辑是什么？中央为什么要将大部分支出责任推给地方？转移支付起到了几重作用？地方政府未来财政收入的合理支柱是什么？……

　　最后我们观察一下地方政府财政收入结构。图 1 - 5 显示了 2020 年地方政府一般公共预算收入来源。可以看到，地方政府财政收入主要来自增值税、企业所得税和非税收入。针对这种财政收入结构，我们会问：地方政府行为与财政收入结构是什么关系？为什么要将增值税和企业所得税这

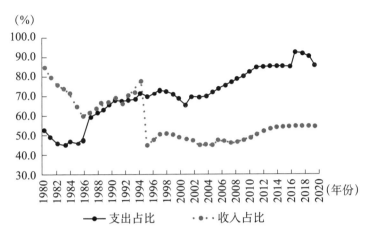

图 1 - 3　地方政府一般公共预算收支占全国的比重

资料来源：中国财政年鉴 2020. 北京：中国财政杂志社，2021.

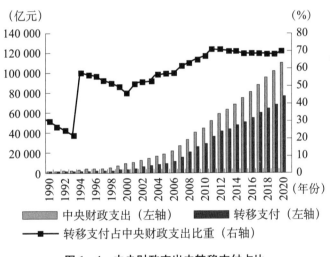

图 1 - 4　中央财政支出中转移支付占比

资料来源：中国财政年鉴 2020. 北京：中国财政杂志社，2021.

样的流动性税基归属地方政府？地方政府非税收入占比为什么这么高？合理的地方税结构是什么？不同税种对地方政府职能发挥有什么影响？房地产税开征的难点在哪里？未来地方税建设方向是什么？……

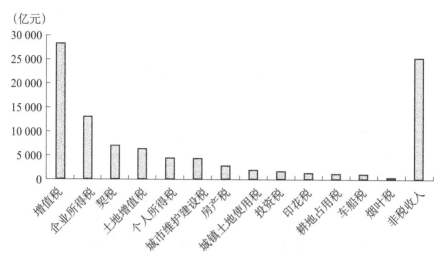

图 1 - 5　地方政府一般公共预算收入来源（2020 年）

资料来源：中国财政年鉴 2020. 北京：中国财政杂志社，2021.

为什么几个简单的财政数据会引出这么多的问题？原因是，财政表面上是政府的收支活动，但背后体现着政府行为的方向、政府与市场的关系、政府与社会的关系、中央与地方的关系等等，财政与诸多问题紧密交织在一起，如果处理不当就引发政治、经济、社会危机。对此，唐朝宰相杨炎有言道："夫财赋，邦国之大本，生民之喉命，天下理乱轻重皆由焉。"

要理解财政现象，须要从认识财政本质入手。

二、经典财政理论中的财政本质

在经典的财政学教科书中，财政的出发点是"市场失灵"这一核心概念。即由于垄断、外部性、信息不对称和不充分、收入分配不公、经济波动等问题存在，竞争性市场无法实现帕累托效率，为此需要政府干预市场。

从市场失灵概念出发，经典财政理论认为财政的主要作用是提供公共物品。什么是公共物品呢？罗森和盖亚在其经典的《财政学》教科书中，将公共物品定义为具有非竞争性和非排他性的物品[①]。所谓非竞争性，是指增加一个人的消费不会增加生产成本；所谓非排他性，是指无法排除其他人的消费。私人部门不愿意提供公共物品，为此需要政府通过征税和财政支出来提供。这实际上是将财政的作用工具化。

然而，如果严格按此定义的标准来衡量公共物品，那么现实世界中几乎没有什么能称得上是纯粹的公共物品。原因在于，在纯私人物品和纯公共物品之间，存在着广阔的混合物品地带，它们都不必然由政府提供。一类混合物品是具有排他性和非竞争性的物品，也称为俱乐部物品。布坎南对此进行了深入研究，认为该类物品完全可以由私人部门提供[②]。另一类混合物品是具有非排他性和竞争性的物品，也称为公共池塘物品。奥斯特罗姆对此进行了深入研究，发现在很多情况下，私人自我组织完全可以克服"搭便车"问题，进而提供此类物品[③]。既然大多数混合物品可以由私人部门提供，并且纯公共物品又如此之少，那么以物品是否具有公共性为政府与市场划界，在逻辑上是有问题的。

由于以非排他性和非竞争性界定公共物品的概念存在问题，布坎南对公共物品给出自己的定义："人们观察到有些物品和服务通过市场制度实

---

① 罗森，盖亚. 财政学：10 版. 郭庆旺，译. 北京：中国人民大学出版社，2015.

② Buchanan J M. The demand and supply of public goods. Chicago：Rand McNally & Company, 1968.

③ 奥斯特罗姆. 公共事物的治理之道：集体行动制度的演进. 余逊达，陈旭东，译. 上海：上海译文出版社，2012.

现需求与供给，而另一些物品与服务则通过政治制度实现需求与供给，前者被称为私人物品，后者则被称为公共物品。"① 该定义没有从物品特征角度来区分公共物品和私人物品，而从供给机制上区分。未必需要呈现非排他性和非竞争性特征，只要是市场解决不了且只能通过政治制度解决的，都可视作公共物品。但是，该定义仍是将财政的作用局限在公共物品提供上。

三、财政如何作为国家治理的基础和重要支柱？

2013 年 11 月，党的十八届三中全会关于财政的本质提出了一个重要论断："财政是国家治理的基础和重要支柱"。这个论断超越了几十年来国内外流行财政学教科书对财政本质和职能的论断，可以说，是更接近财政本质的论断。这个重要论断引起了国内财政学界的广泛反响，财政学者纷纷撰文阐述它的合理性。很明显，该论断意味着"市场失灵—公共物品—财政职能"这一条传统研究财政的逻辑链是有很大缺陷的，它呼唤着财政基础理论的重大创新。

在这个论断下，有两大问题需要探讨：第一，国家治理的目标是什么？第二，财政与国家治理是什么关系？这两个问题是互相联系的，只有阐明国家治理的目标，才能确定财政与国家治理的联系，进而阐明财政制度如何促进国家治理。

第一个问题，国家治理的目标是什么？这不是个容易说清楚的问题。一些研究将民主作为治理目标，实际上民主只是国家治理的一个重要手

---

① Buchanan J M. The demand and supply of public goods. Chicago：Rand McNally & Company，1968.

段，世界上不少国家的综合实力没有随着民主程度上升而上升就是一个例证。更有研究者用"选举民主"代替所有民主内涵，这实际上误导了研究方向①。实际上，福山在《政府秩序与政治衰败》一书中，就用"官员负责制"代替"民主"作为国家能力的三大支柱之一，因为他认为民主只是让官员负责的手段之一，且该手段并不总是有效②。还有的研究将"法治"作为国家治理的目标③。但是国家治理不应仅有这一目标，有"法"无"治"的国家屡见不鲜。

第二个问题，财政与国家治理是什么关系？如果说，财政反映了政府资金运动过程，政府花钱的过程就是做事的过程，因此财政就是国家治理基础的话，那么，这一论断就应适用一切社会，如奴隶社会和封建社会。显然不能仅因为财政与政府花钱相关，就认为这就是理论依据。在人类历史上，随着经济、社会和政治形态的变化，曾出现多种国家治理模式，国家治理是一个随着时代诉求而变化的历史概念。特别地，"治理"作为一门学问，是伴随着全球化的到来及各国面临的挑战加剧，从 20 世纪 90 年代才开始吸引大量学者注意的。从财政学发展历程看，它分别经历了官房学时代（1727—1825 年）、政治经济学时代（1825—1928 年）与经济学时代（1928 年至今），也就是说，财政学作为一门学问，是在人类社会临近进入自由竞争的市场经济阶段才出现的④。因此，财政与国家治理之所以能发生紧密关系，主要是在于人类社会跨入市场经济阶段后，市场经济对

---

① 杨光斌．"国家治理体系和治理能力现代化"的世界政治意义．政治学研究，2014（2）：3-6.
② 福山．政治秩序与政治衰败：从工业革命到民主全球化．毛俊杰，译．桂林：广西师范大学出版社，2015.
③ 莫纪宏．国家治理体系和治理能力现代化与法治化．法学杂志，2014，35（4）：21-28.
④ 刘晓路，郭庆旺．财政学 300 年：基于国家治理视角的分析．财贸经济，2016（3）：5-13.

原有的社会秩序和政治制度产生剧烈冲击，并对国家治理不断提出新的要求和带来新的挑战。"财政作为国家治理的基础"只有放在这个大的历史变迁背景下，才能阐明财政为什么要参与国家治理，以及如何参与国家治理等问题。

财政作为"庶政之母""邦国之本"，与国家治理和国家发展密切相关，不少国外学者意识到这一点，试图从国家发展角度，对财政的职能、研究范式、现实影响进行视野更宽的研究，这主要体现为财政社会学和新制度经济学研究。

一是财政社会学研究。20世纪早期，熊彼特等人开创了"财政社会学"，认为财政问题是社会问题、经济问题和政治问题的根源，因而强调从财政角度抓住国家的本质、形式和命运，并从财政制度变迁中洞悉社会存在和社会变化的规律①。不过，目前财政社会学尚未有一个可以被广泛接受的方法论和分析框架。

二是新制度经济学研究。20世纪60年代起，一些新制度经济学家对财政与社会、国家的联系展开一些深入研究，并提出一些重要判断。代表性研究有：以布坎南为代表的公共选择学派将经济学分析引入政治分析中，以交换的视角研究公共物品的分配和提供问题②；诺思等研究财政制度对产权形式的影响，认为统治者为应对持续的财政危机而创建产权形式是经济增长史的主线③；奥尔森、阿西莫格鲁等研究政府与社会的关系，

---

① Joseph Schumpeter. The crisis of the tax state//Joseph Schumpeter，ed. The economics and sociology of capitalism. Princeton：Princeton University Press，1991：99-140.

② 公共选择各种理论集中体现在缪勒所著的书中。缪勒. 公共选择理论. 韩旭，杨春学，等译. 北京：中国社会科学出版社，2017.

③ 参见诺思对"封建制度的兴衰""近代欧洲的结构和变革"的分析。诺思. 经济史中的结构与变迁. 陈郁，罗华平，等译. 上海：上海人民出版社，1994：141-179.

认为财政汲取能力决定了政府的强弱，但必须建立在社会共识的基础上，由此提出"共容利益""共识性强政府"等核心概念①。这些研究意识到财政重要的非经济职能，试图将财政问题与国家、社会、经济等问题研究联系起来，取得了一些重要成果。

在推动国家治理现代化过程中，财政制度建设是关键的一个环节。国家治理现代化包括国家治理体系完善和国家治理能力提高两大部分，而财政均对其有着重要影响：一方面，现代财政制度是国家治理体系的核心制度构成；另一方面，财政是体现政府与市场、政府与社会关系的联结点，它的运行方式体现着政府市场和社会治理能力的高低。党的十八届三中全会后，中央政府清醒地认识到，没有财政理论创新和制度变革，就不可能推进国家治理现代化。但是现行财税体制过多强调经济职能，某些方面甚至有碍于国家能力提升。正是认识到传统财政理论的局限性，国内财政学界对"现代财政制度"的提法响应强烈，并相继发表了一些研究论文。

当前主流财政学研究范式是建立在新古典主义经济学基础上的，自然将财政学研究与商品交换联系起来，这也就局限了财政研究的视野。当今世界正处于百年未有之大变局，在这个历史进程中，中国尤其强调要统筹发展与安全，实现稳增长和防风险长期均衡。公共性作为财政的本质属性，它的一举一动均影响着公共秩序，也就是影响着经济和社会秩序的建设和走向，进而影响着发展和安全问题。实际上，中国自古至今，在国家治理思想中就高度重视秩序建设问题，仅从效率或公平的经济角度构建财政制度是有其局限性的。当前为推动国家治理现代化，有必要从公共秩序

---

① 奥尔森.权力与繁荣.苏长和，嵇飞，译.上海：上海世纪出版集团，2014：1-25；Acemoglu Daron. Politics and economics in weak and strong states. Journal of monetary economics，2005，52(7)：1199-1226.

视角思考现代财政制度构建问题。

邦国大本：国家治理财政观

党的二十大报告提出"两个结合"的重大论断，第一个结合是把马克思主义基本原理同中国具体实际相结合，第二个结合是把马克思主义基本原理同中华优秀传统文化相结合。第一个结合是中国共产党一直强调并坚持的，是中国共产党百年历史中最宝贵的成功经验。第二个结合是习近平总书记在庆祝中国共产党成立 100 周年大会上提出来的，党的二十大报告又做了深入阐述。就财政而言，强调第二个结合本是财政应有之义，但是长期以来却被严重忽视。

在西方经济学研究语境下，财政一般属于经济学研究范畴，大多数时候与公共经济学等同。在这种语境下，谈不上马克思主义基本原理同中华优秀传统文化相结合。但财政作为国家治理的基础和重要支柱，自然会受国家治理的观念和方向影响。如果国家治理观念受到传统文化的深远影响，那么毫无疑问，财政也会受到传统文化的深远影响。

从古到今，中国国家治理有四个没有根本改变的条件。就文明而言，以儒家为代表的东方文明延续没有变；就地理条件而言，广袤国土、山川纵横的现状没有变；就社会状态而言，以汉族为主体、多元民族社会融合的格局没有变；就政治治理而言，中央统一领导、地方分级治理的格局没有变。这四个不变就决定了中国财政必定有中国特色，且有很强的历史延续性。

在东方哲学观念中，生命是一条河，是一个"非断非常、相似相续"的过程：下段流水来自上段流水，相似而不同，相续而不断。中国文明五千年绵延不断，国家许多制度也有着很强的历史相续：制度从历史中走出来，有它的历史沿革，也有它的时代创新。认识中国财政，离不开对财政这种历史相续性的把握。

在中国历史传统中，财政与国家治理相关几乎是不言自明的道理。历史上将财政称为"国用"或"国计"，其中就隐含着对理财与国家治理关系的认识。历代理财大臣不乏警语，如唐代杨炎言："夫财赋，邦国之大本，生民之喉命，天下理乱轻重皆由焉。"宋代王安石言："政事所以理财，理财乃所谓义也。"曾任民国时财政总长的梁启超言："政治上的一举手、一投足，无不与财政相丽。"

为什么中国自古至今，财政与国家治理有着天然联系？这与中国文化中关于国家的观念和国家的职能定位有很大关系。钱穆在《国史大纲》中提出，中国有三个根本的文化观念，它们奠定自先秦：

大要言之，中国学术思想之态度与倾向，大体已奠定于先秦。一曰"大同观"。先秦思想趋向前者，以人类全体之福利为物件，以天下太平为向往之境界，超国家，反战争。二曰"平等观"。举其著者，如孔子之孝悌论、忠恕论，墨子之兼爱论，惠施之万物一体论，庄周之齐物论……皆就全人类着眼，而发挥其平等观念之深义也。三曰"现实观"。天道与人道，即"宗教"与"社会"之辨，先秦思想趋向后者。①

钱穆先生所言的现实观，其意是以人而不是以神为本，充满人道精神，它起自西周对殷商重鬼神精神的反正。我认为用人本观概括更合适，现实观易让人误解为现实功利主义。大同观、平等观、人本观，这可以说是中国人的精神"三观"。佛教进入中国后，其精神仍与这"三观"相合，这也使得中国历史上很少出现严重的信仰冲突。更进一步分析，这"三观"源自历代圣贤对心性、生命和宇宙的深刻认识。与世界其他文明相比，这三观可以说极具中国文化特色，是中国人的精神底色。

关于这三种伟大观念的价值，钱穆先生饱含感情地写道：

此乃先秦学术共有之态度，所由形成中国之文化，抟成中国之民族，创建中国之政治制度，对内、对外，造成此伟大崇高之中国国家，以领导东亚大地数千年之文化进程者，胥由此数种观念为之核心，而亦胥于先秦时期完成之也。②

文化精神自然会深刻影响国家观念。德国前首相俾斯麦曾说："国家是时间河流上的帆船。"那么，是谁赋予时间以意义呢？无疑是文化精神。动物不会有历史观念，只有经过文化熏陶后的人类才会有，因此，也可以说"国家是精神河流上的帆船"。

以儒家精神为主导的传统文化，是一种以人文精神和人本主义为特色的文化，它总是对政府施政方向产生约束和规范作用。《汉书·食货志》较为清楚地阐明了中国传统国家治理思想及财政职能：

殷周之盛，《诗》《书》所述，要在安民，富而教之。故《易》称：

---

① 钱穆. 国史大纲. 北京：商务印书馆，2010：118 - 119.
② 钱穆. 国史大纲. 北京：商务印书馆，2010：119.

"天地之大德日生，圣人之大宝日位；何以守位日仁，何以聚人日财。"财者，帝王所以聚人守位，养成群生，奉顺天德，治国安民之本也。故日："不患寡而患不均，不患贫而患不安；盖均亡贫，和亡寡，安亡倾。"

聚人守位，安民为先，发展经济和推行教育（富而教之），这是儒家思想影响下施政的次第。西汉贾谊向皇帝上书《论积贮疏》，其实现目标也无非是"富安天下"。"安"之一字，由身心至家国，由本体至外用，由形而上至形而下，儒家精神一以贯之。安居乐业、国泰民安、安邦治国、民安物阜、长治久安……这些成语寄托着一个民族关于小康至大同社会的理想。

文化精神是会代代传承的，进入 20 世纪后，中国共产党将以人民为中心的施政精神发扬光大。党的二十大报告强调"江山就是人民，人民就是江山"，"增进民生福祉，提高人民生活品质"，"不断实现人民对美好生活的向往"①……这实际是中国精神的"三观"的体现。

由于存在这样的精神传统，这也就可以理解，生长在中国这片土地的几代财政学者，在关于财政本质和财政职能的研究中，似乎总是会经历学习—挑战—回归过程。对此，我以"国家分配论"和"国家治理财政"为代表说明。

20 世纪 50 年代，中国财政学者以学习苏联财政理论为主。当时苏联专家认为"财政乃是货币关系的体系"，"财政学所研究的，是在整个社会再生产过程中价值规模都发生作用和有运用价值乃其各种形式的客观必要性的条件下，反映一定经济关系的货币关系体系"。在吸收和消化苏联财政理论后，中国财政学者开始对其进行质疑和挑战，1958 年，中国人民大学王传纶教授发表论文《对"财政学"对象问题的探讨》质疑道："究竟

---

① 习近平. 高举中国特色社会主义伟大旗帜 为全面建设社会主义现代化国家而团结奋斗. 人民日报，2022－10－26.

财政现象是和国家有本质联系呢,还是和商品交换有本质联系?究竟财政现象是随着国家的产生、发展而产生、发展呢,还是随着商品交换?"他认为:"在社会主义制度下,财政现象的界限大大推广了。这是一个事实,这是和其他两个事实——社会主义国家有广泛的经济组织工作的职能、社会主义经济规律起越来越大的作用——同一根源的。这是社会主义财政区别于资本主义财政的重要一点,同时也是社会主义财政的大优点。"①

由于中国学者感受到社会主义国家职能远大于资本主义国家职能,从国家视角分析财政问题便是顺理成章的选择,由此诞生了很有影响的关于财政本质的"国家分配论"。所谓"国家分配论",是将财政本质视作"以国家为主体的分配活动"。提出该理论的价值在于,新中国第一代财政学家"从计划经济财政的运行实践中,有意或无意地体认到了中国'国家自主性'程度极高这一特征,从而将财政直接与国家意志联系在了一起"②。中国财政学者明显感受到,服从国家要求、服务国家需要从来都是财政的第一功能,并且,中国共产党的领导使得财政这项功能充分发挥出来③。西方经济学框架下所观察的财政现象是在选举制度下博弈的结果,看不到长期稳定的执政党在领导国家建设中的作用,自然会出现财政研究的国家缺失问题。

改革开放后,中国经济面临着全面从计划经济向社会主义市场经济转轨的过程,经济学又经历了一番向西方经济学全面引进和学习的浪潮,在此浪潮中,财政学也不可避免地受西方财政学理论影响。西方主流财政学教科书一般是采取福利经济学分析方法研究财政问题,大多数财政研究是

---

① 王传纶. 对"财政学"对象问题的探讨. 教学与研究, 1958 (7): 43-48.
② 刘晓路, 郭庆旺. 国家视角下的新中国财政基础理论变迁. 财政研究, 2017 (4): 27-37.
③ 吕炜, 靳继东. 财政、国家与政党:建党百年视野下的中国财政. 管理世界, 2021, 37 (5): 24-45.

以财政政策分析和财政效应分析为主，这也是与当时我国正处于社会主义市场经济建立和完善时期相符合的。

党的十八届三中全会首次提出财政的国家治理职能定位，它仿佛是财政为"邦国大本"这一判断的历史回响。与大多数理论命题由学术界提出不同，这次重大理论命题是由党中央提出的。由此，"国家治理财政"已是必然存在的理论，财政学界要做的工作是丰富其理论内涵而不是质疑其存在与否，否则，便是对中国财政历史传统的质疑。

因此，中国财政学界关于财政本质研究的两次学习—挑战—回归的历程，实际上是在中华文化精神影响下，在深远的历史之音感召下，在新中国成立以来社会主义国家建设实践的启发下，自觉或不自觉的精神回归。

在本书后面的各章节中，我将沿着财政是"邦国大本"的这一历史定位，探索"国家治理财政"的理论内涵，设计"现代财政制度"的整体架构与制度细节。

｜第三节｜
财政研究基础的新维度：公共秩序

一、公共秩序的定义及重要性

财政要作为国家治理的基础，仅从提供公共物品的角度分析是不够的，还要考虑财政的制度供给功能。当代主流财政学研究偏重用经济学方法研究财政对资源配置效率的影响，可称得上是"配置范式财政学"。实际上，财政学研究还存在另一个分支——"交易范式财政学"[①]，在该研究范式中，国家是社会成员互动的平台，财政是社会成员互动的纽带，财政与国家治理天然发生紧密联系。从"财政"一词看，它包括"财"与"政"两方面，即包括经济和政治，财政制度是政治制度的一个重要组成部分，在很多财政领域，财政起着重要的制度供给功能。

什么是制度？诺思在《制度、制度变迁与经济绩效》中，将制度定义为"制度是一个社会的博弈规则"[②]。什么是政治？海伍德在《政治学》这一经典教科书中，将政治定义为"政治是社会的博弈规则"[③]。这两个定义完全相同。也就是说，社会通过博弈形成制度的过程，就是政治运行的过程。财政作为处理公共事务的非常重要的平台，无疑最能展现社会的博弈过程和博弈结果。因此，只有把财政作为全方位影响经济、社会和政治的重要制度，才能谈及财政能够深刻地影响国家治理。

可以从非常多的角度观察到财政的制度供给功能。譬如说，预算制度表面上是对政府未来一定时期内收支计划的预测和安排，但它体现着人们在多大程度上能够影响和监督政府决策，本质上能体现人们对政府权力的限制作用；政府税收结构和税制要素的设计，不但体现着政府参与国民收入分配的过程，也能反映政府对社会各阶层利益调整的程度，或是对社会干预的程度；政府间财政关系不但反映分级预算的安排，也体现着中央政

---

① 马珺 . 财政学研究的不同范式及其方法论基础 . 财贸经济，2015（7）：15-28.

② 诺思 . 制度、制度变迁与经济绩效 . 杭行，译 . 上海：格致出版社，上海三联书店，上海人民出版社，2008：3.

③ 海伍德 . 政治学 . 张立鹏，译 . 北京：中国人民大学出版社，2013：3.

府对地方政府的权力控制。即使是在很具体的财政制度或政策设计中，也能看出财政作为规则对社会的约束和规范作用。例如，征收房地产税强制要求人们披露财产信息，内含着政府对社会的控制能力；同时由于房地产税具有良好的受益税性质，它也约束着地方政府行为，使其能为辖区居民提供更好的公共物品。

不过，制度虽然重要，但这一概念仍比较宽泛，据此很难进一步分析财政的角色。我认为，应该从制度的关键功能——增进"公共秩序"——出发，观察它与财政的联系。

什么是秩序？秩序是"符合可识别模式的重复事件或行为"[①]，是"引导个人一套正式和非正式的规则"[②]。它与诺思给出的制度的定义——"社会的博弈规则"[③]——非常接近。制度与秩序的区别是什么？弗鲁博顿和芮切特有一段话比较好地阐述了它们之间的关系："人类的相互交往，包括经济生活的相互交往，都依赖于某种信任。信任以一种秩序为基础。而要维护这种秩序，就要依靠各种禁止不可预见行为和机会主义行为的规则，人们称这些规则为'制度'。"[④] 因此可以说，制度是秩序的保障，秩序是制度运行的结果。

秩序的重要性在于两点：一是它是人的基本需要。卢梭指出，社会秩

① 柯武刚，史漫飞. 制度经济学：社会秩序与公共政策. 韩朝华，译. 北京：商务印书馆，2004.
② 弗鲁博顿，芮切特. 新制度经济学：一个交易费用分析范式. 姜建强，罗长远，译. 上海：上海人民出版社，2015：7.
③ 诺思. 制度、制度变迁与经济绩效. 杭行，译. 上海：格致出版社，上海三联书店，上海人民出版社，2008：3.
④ 弗鲁博顿，芮切特. 新制度经济学：一个交易费用分析范式. 姜建强，罗长远，译. 上海：上海人民出版社，2015：8.

序是"作为为其他一切权利提供了基础的一项神圣权利"①，并认为它与自由同样具有最高的价值。二是它是经济和社会运行的基础。秩序意味着信赖和合作，当社会失去秩序时，信赖和合作就会被瓦解，交易成本将迅速上升，劳动分工将难以为继，经济效率会下降。诺思等在《暴力与社会秩序》一书中指出，当秩序占据主导地位时，人们就可以预见未来，从而能更好地和他人合作，也能对自己冒险从事创新性试验感到自信②。秩序是在人与人的互动中产生的，它天然地具有公共性。

制度经济学认为，制度的关键功能是增进秩序。制度经济学家柯武刚和史漫飞在其撰写的《制度经济学》一书中，开宗明义就说："公共政策的中心功能应当是支持和增强社会秩序和经济秩序。"③ 他们将所有的公共政策称为秩序政策。财政社会学的开拓者熊彼特有一句很有名的话："一旦税收成为事实，它就好像一柄把手，社会力量可以握住它，从而改变社会结构。"④ 显然，这些判断均是将财政作为一个巨大的制度集合来看待的。

现代经济学已经充分认识到，制度的好坏对经济表现具有重要作用。实际上，制度与经济表现之间，存在秩序这一关键因素。制度可简单定义为规则，而秩序则是一套关于行为和事件的模式。制度与秩序有密切关系，制度的关键功能是影响秩序的演变方向，但是不能说秩序的形成完全

① 卢梭. 社会契约论. 李平沤，译. 北京：商务印书馆，2011：4.

② 诺思，瓦利斯，温格斯特. 暴力与社会秩序. 杭行，王亮，译. 上海：上海人民出版社，2013.

③ 柯武刚，史漫飞. 制度经济学：社会秩序与公共政策. 韩朝华，译. 北京：商务印书馆，2004：4.

④ Schumpeter J A. The economics and sociology of capitalism. Princeton：Princeton University Press，1918.

来自制度，文化、信仰、政策等因素都可影响秩序。秩序分为私人秩序和公共秩序，私人秩序属于私人内部的事情，不属于本章的研究范畴。公共秩序是为维护社会公共生活所必需的秩序，也称为社会秩序。它的基本内涵可概括为三个方面：一定社会结构的相对稳定；各种社会规范的正常实施；把无序和冲突控制在一定范围。

公共秩序是人的理性和自身自发性共同作用的结果，但是仅靠个体的理性和自发性无法保证公共秩序的稳定。原因是随着社会复杂性的增加，社会冲突风险、不确定性风险会增大，为了保证经济增长和社会秩序稳定，政府活动的范围会不断扩大，这集中体现在财政支出规模的不断扩张上。从世界范围考察，主要发达国家财政支出占 GDP 比重自 19 世纪下半叶起经历了长达百年的大幅度上升过程。

二、公共秩序是一种社会公共需要

马克思在关于国家与经济、社会关系的诸多论述中，阐述了"社会公共需要"思想。马克思将"社会需要"分为三大类：满足共同生产条件的社会需要，如公共工程；满足共同消费条件的社会需要，如教育；为共同生产条件和共同消费条件服务的社会需要，如公共管理。社会公共需要是社会需要的有机组成部分，与历史发展阶段相关，并且它会"随着新社会的发展而日益增长"[1]。国内财政学者在关于财政本质的争论中，也形成了"社会公共需要论"这一代表性理论[2]。然而，遗憾的是，目前文献对什么

---

[1] 杨静. 通往共享之路：马克思社会公共需要思想的当代阐释及运用. 北京：经济科学出版社，2016：5-45.

[2] 何振一. 理论财政学. 北京：中国财政经济出版社，1985：27-46；陈共. 财政学. 北京：中国人民大学出版社，2017：29.

是社会公共需要及其实现路径等核心问题，仍缺乏深入研究。

那么，社会公共需要的构成是什么呢？什么样的需要会使得个体的需要上升到社会公共需要呢？本章认为，个体需要的主要是物质、自由、权利、秩序，对此西方自古希腊以来就有大量先哲的论述。自由和权利更多是个体需要。而物质和秩序可以上升为社会公共需要，它的表现即是公共物品和公共秩序。公共秩序具有系统性、非随机性、可理解性，对社会稳定和经济发展具有重要作用。也正因为如此，有制度经济学家认为："公共政策的中心功能应当是支持和增强社会秩序和经济秩序"，"所有的公共政策都是秩序政策"[①]。

随着市场经济的发展，原有的社会共同体正在瓦解，现代人在获得自由和解放的同时，也要付出沉重代价，这个代价突出表现为社会失范和失序。市场经济会破坏秩序主要基于三方面原因：一是市场经济的发展将推动人与自然的商品化，由此将严重冲击原有社会秩序；二是市场经济的发展将使得国家对社会的控制放松，社会领域会出现多元化的利益诉求，多元利益主体博弈将导致社会控制碎片化；三是经济增长和技术变革通常伴随着熊彼特所说的"创造性破坏"进程，由此会破坏已有的社会结构[②]。除此之外，全球交易分工网络的扩大，实际上也给社会增加巨大不确定冲击的风险。经济发展与社会失序同步，在这样的宏大历史进程中，建设一个良性公共秩序无疑是社会公共需要，也是国家治理的核心。

---

① 柯武刚，史漫飞. 制度经济学：社会秩序与公共政策. 韩朝华，译. 北京：商务印书馆，2004：380.

② 波兰尼. 大转型：我们时代的政治与经济起源. 冯钢，刘阳，译. 杭州：浙江人民出版社，2007：140-178；米格代尔. 强社会与弱国家：第三世界的国家社会关系及国家能力. 张长东，等译. 南京：江苏人民出版社，2012：55-101；阿西莫格鲁，罗宾逊. 国家为什么会失败？. 李增刚，译. 长沙：湖南科学技术出版社，2015：59-61.

三、秩序在中国国家治理中的重要性

财政是国家治理的基础，国家治理的核心是经济和社会，财政势必要围绕国家治理的核心目标而建设。经济运行的中心是效率，社会运行的中心是秩序，效率与秩序并不是互斥关系，合理社会秩序有助于提高经济效率。那么，秩序在中国国家治理中有多重要呢？这需要从中国实践出发进行分析。

在古代中国，秩序从来就是国家治理的第一位目标。古代中国强调以礼治国，秩序是礼的本质，所追求的是建立一种"礼治秩序"。落实在财政原则上就如《汉书·食货志》所言："财者，帝王所以聚人守位，养成群生，奉顺天德，治国安民之本也"。在这里，财政的作用上升到历史哲学高度，财政的重要职能是促进一种公共秩序的建立和完善。有学者研究指出，在中国二十五史中，与国家治理相关的高频词是"安危"，它的出现频数远高于"富国""变化""无偏""均田"等代表效率和公平的关键词①。

改革开放以来，我国逐渐由计划经济走向市场经济，国家治理的目标发生重大变化。在改革之初，国家治理以推动经济增长、实现四个现代化为主。但是随着改革的深入，我国社会发生了深刻的结构性变化，社会冲突频发，社会秩序失范的现象屡见不鲜。如果说，改革开放后近三十年时间，国家治理的重心是经济治理，以满足人们不断增加的物质需要的话，那么，当前中国国家治理的很大一部分精力要集中在社会和政治治理，以满足人们建立和谐有序的社会秩序需要。"稳定压倒一切"和"构建社会

---

① 冯维江. 侠以武犯禁：中国古代治理形态变迁背后的经济逻辑. 经济学（季刊），2009（2）：465-500.

主义和谐社会"这两个重要官方话语，生动地体现了国家治理对秩序的重视。

实际上，自进入改革开放时期始，中国不可避免地经历市场经济发展对公共秩序的三大冲击：人与自然商品化、社会控制放松、创造性破坏。同时，从计划经济向市场经济转轨的中国，也不可避免地产生巨大的转轨成本和改革成本。而要维护公共秩序就需要财政负担一系列成本，建立起社会防护网。当然，本章所指财政对公共秩序的作用，既包括被动维护一面，也包括主动建设一面，这将在下文逐渐展开分析。

| 第四节 |
公共秩序的内涵及演化逻辑

一、公共秩序特征的历史性

公共秩序存在于经济和社会生活中，随着经济和社会生活方式的改变，人们对秩序的需要也不同，也就是说，公共秩序特征具有历史性。

人们需要什么样的公共秩序？秩序的主要功能是促进人与人之间的信赖与合作，在人类社会发展的不同历史发展阶段，人们对信赖与合作的理解不同。从经济发展视角看，人类社会可分为前市场经济时期和市场经济时期，在历史长河中，市场经济只是在工业革命以后才逐渐发展起来，它在人类历史上存在的时间是非常短的，但是它对经济与社会关系有着根本性的改变作用。对此，波兰尼在著名的《大转型：我们时代的政治与经济起源》一书中，详细分析了工业革命前后经济与社会关系的不同①。本章借助他提出的经济社会关系框架，说明公共秩序的历史性内涵。

波兰尼用"脱嵌"一词概括市场经济发展后经济与社会的关系。他认为，在工业革命前，人类的经济是"嵌入"（submerged）在社会关系之中的，人的行为动机并不在于占有物质财富的个人利益，而在于维护他的社会地位和社会权利，维持生产和分配中的秩序依赖互惠和再分配原则。在工业革命后，市场经济需要人、资本、土地遵循价格规律，变为可流动的生产要素。如果经济仍旧嵌入在社会中，那么要素就不会流动，市场经济也就发展不起来。为此，发展市场经济之前，需要经历一个经济从社会中脱嵌的过程，这样，"物品生产和分配的秩序都被委托给了自发调节的市场机制"。从我国的市场经济发展历程中，也可以很明显地看到经济从社会中的脱嵌过程：国有企业职工下岗、农民进城打工、住宅货币化、工业化侵吞农村土地……这一系列进程深刻地改变了经济与社会之间的关系。

由于经济与社会关系的这种转变，整个社会所需要建立的公共秩序也要发生转变。在经济嵌入社会的前市场经济时期，社会重视的是生活伦理，国家要通过王权、神权、礼治等保持社会稳定，人们之间的信任与合作往往基于社会身份进行；在市场经济时期，社会重视的是商业伦理，政

---

① 波兰尼. 大转型：我们时代的政治与经济起源. 冯钢，刘阳，译. 杭州：浙江人民出版社，2007.

府要通过促进要素流动、保障产权等提高经济活力，人们之间的信任与合作往往基于价值判断进行。在前市场经济时期，要强调的公共秩序是等级身份与服从；在市场经济时期，公共秩序的主要特征是强调要素自由流动与创新。对此，诺思等用"权利限制秩序"和"权利开放秩序"概括两个时期的秩序特征：在前一个秩序中，人际关系是重要的；在后一个秩序中，拥有公民身份的个人在广阔的社会行为领域里互动，人际关系的重要性降低①。

由于公共秩序特征的历史性，因此不能说哪个时期的秩序更为良好，只能问：经济和社会的变化会对公共秩序造成什么样的冲击？根据不同历史时期的经济和社会特点，应建立什么样的公共秩序？

二、秩序演化的两种途径

秩序尽管重要，但它是怎么形成的？制度经济学认为，秩序演化遵循两种路径：一是自发秩序，二是人为秩序。

自发秩序观点认为秩序像市场经济一样，由"无形之手"来指引协调并实现最优。哈耶克认为，人类智识远不足以领会复杂人类社会的所有细节，我们没有充分的理由来细致入微地安排这样一种迫使我们满足于抽象规则的秩序②。自发秩序基于这样一种信念，即社会没有一个属于自己的本体，社会组织无法协调复杂的演化系统，也没有人能够预见演化路径。在市场交易中形成的自发性行动秩序，将使得市场主体能够搜寻和获取有

---

① 诺思，瓦利斯，温格斯特. 暴力与社会秩序. 杭行，王亮，译. 上海：上海人民出版社，2013.

② Hayek F A. Studies in philosophy, politics and economics. London：Routledge & Kegan Paul，1967.

益的知识，并逐渐形成一种行动规则，它可以起到稳定人们预期、矫正错误、保持经济社会系统稳定的作用。

人为秩序（也称计划秩序）观点认为，秩序由"有形之手"指引，直接凭借外部权威，靠指示和指令来计划和建立秩序。在家庭和企业内部，基本是靠有组织和有计划的秩序。波兰尼在详细分析市场经济的发展历史进程后发现，通往自由市场之路的打开和保持畅通，有赖于中央政府对经济社会持续的、强大的干预。由此他提出一个惊人的判断：市场发展也是人为设计的结果。按他的话说："自由放任是有计划的，而计划却不是。"[①]

对秩序的演化路径的不同观点，产生了对政府通过设计制度干预公共秩序的不同理解。如果认为自发秩序有较大优越性，那么财政制度需要被动地适应经济社会的发展。例如，当收入分配不平等加剧时，需要改革个人所得税制度来调节分配。如果认为人为秩序有较大优越性，那么财政制度需要主动引导经济社会的发展。例如，累进个人所得税的设计一开始就有意促进社会公平，同时还要发挥它对社会控制的重要作用。

不论是认同自发秩序的优越性还是人为秩序的优越性，毋庸置疑的是，财政制度均会对公共秩序产生重要影响。不同的是，如果是认为人为秩序有较大的优越性，那么，在设计财政制度时，会更强调它对公共秩序的活动引导作用，财政活动范围会更广、财政活动内容会更深入（见图 1-6）。

---

① 波兰尼. 大转型：我们时代的政治与经济起源. 冯钢，刘阳，译. 杭州：浙江人民出版社，2007：121.

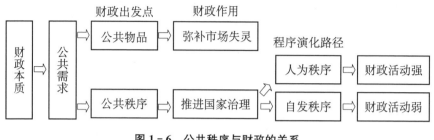

图 1 - 6 公共秩序与财政的关系

市场经济发展对公共秩序的冲击

公共秩序是怎么遭到破坏的？当识别出秩序遭到破坏的根源时，才可以有针对性地设计财政制度，使其发挥建设良好公共秩序的作用。

一、公共秩序被破坏的根源

冲击公共秩序的有外部因素和内部因素，外部因素冲击，如战争、灾难等，具有不可预知性，需要关注的是内部因素的冲击。以自由竞争为特征的市场经济发展，一方面极大地释放生产力，另一方面也对原有社会秩序和政治制度造成严重冲击。现代人在获得自由和解放的同时，也要付出沉重代价，这个代价突出表现为社会失序。市场经济发展会破坏社会秩序的原因主要基于以下三个方面。

（一）人与自然商品化破坏原有的社会秩序结构

自工业革命后，人类社会开始进入市场经济时代，这既极大地促进了经济增长，也通过商品和要素流动极大地促进了人的自由。随着以苏联为代表的计划经济实验的失败，强调发展自由竞争市场经济的思想逐渐成为很多人的共识。然而，早在 1944 年，波兰尼在其名著《大转型：我们时代的政治与经济起源》中就指出，市场既是一种自由的力量，也是一种野蛮的力量。如果不对这种力量加以控制，那么"一般而言，经济进步总是以社会混乱为代价的"①。在此书中，波兰尼深刻地剖析了市场发展与社会失序的关系，所提出的一系列富有创造力的概念和思想至今仍是学界研究的重要主题。

为什么市场经济发展会伤害到社会？波兰尼指出，市场经济发展分为两步，先是商品自由流动，然后是生产要素自由流动。商品自由流动可以增加人们选择的自由，并促使生产扩大。但是生产要素自由流动将产生一系列负面结果：要增加劳动力的流动性就需要增加工资的弹性、增加就业的波动，"这样才能让饥饿这条鞭子迫使人们转向劳动力市场"；要增加土地的流动性就需要将人们驱离世代居住的家园，到城市里寻找工作；要增加资本的流动性就要通过货币供给的涨落来改变收益预期，这样不可避免会对一些组织造成严重破坏。从中国近三十年狂飙突进的经济发展中，不难看到原有的社会秩序所受到的巨大冲击，例如

---

① 波兰尼. 大转型：我们时代的政治与经济起源. 冯钢，刘阳，译. 杭州：浙江人民出版社，2007：38.

大量国有企业职工下岗、农民被迫进入城市打工、土地不断遭到城市扩张的侵吞等等。

（二）多元利益主体博弈导致社会控制碎片化

市场经济本质上是一种自由的力量，在这种自由力量冲击下，国家对社会的政治与经济控制势必要逐步放松，社会领域会出现多元化的利益诉求，由此会涌现大量的社会组织。面对如此众多的社会组织，原有的国家支配社会的模式会逐渐瓦解。在政府权威退出的地方，不能简单地认为由社会自我组织会自动建立良好的社会秩序，相反，它会使得社会控制碎片化。

以中国为例，在中国自鸦片战争后面临的变局中，社会组织一直处于不断的解体和重构过程中。封建社会的治理采用"皇权—士绅"双层治理形式，县以上采用皇权下郡县制治理模式，县以下采用士绅治理，即"皇权不下县"①。随着商品经济的冲击，传统的士绅社会在农村逐渐解体，农村社会面临失序的危险。中华人民共和国成立后，一度通过"党支部—村委会"双重领导形式对农村社会实行强有力的控制。改革开放后，随着市场经济发展，农民和土地流动性增强，这种双重领导形式在农村也逐渐失去原有的权威。

然而，人毕竟是群居动物，必须依托一定的社会组织才能开展他的社会活动。在国家失去一部分对社会的控制时，社会会自发组织起来，从而形成各种各样的组织形态。以我国为例，随着改革开放的深入，我国社会形态不可否认地发生了巨大变化，图1-7显示，2000年后，我国社会组织单位数和民办非企业单位数呈爆发式增长，这还未算上互联网时代以微

① 吴晗，费孝通，等.皇权与绅权.天津：天津人民出版社，1988：10.

信群、QQ 群等为代表的大量的崭新准组织形式。

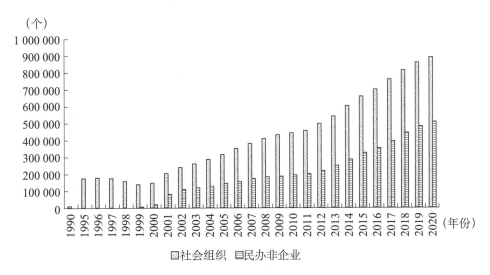

图 1-7 1990 年以来我国社会组织单位数和民办非企业单位数

资料来源：中国统计年鉴 2020. 北京：中国统计出版社，2021.

社会组织发展具有双重属性：一方面，它可为参与者提供保障，部分承载政府的职能，减轻政府的负担；另一方面，它又是强有力的集体行动载体，对政府权威可能造成挑战。政治学者米格代尔在《强社会与弱国家》一书中，通过对非洲社会发展事例的分析表明，大部分非洲国家的权力建制没有彻底渗透到村社管理层面，形成碎片化的社会控制局面，而这种社会控制主要掌握在各部落手里。如果出现这种局面，那么社会极易呈现为涣散且无序状态①。在中国，民国时期在上海、天津等市场经济相对活跃的地区，在政府权力频繁更迭的背景下，青帮、洪帮等黑社会势力迅速膨胀。这正说明如果政府不能有效控制社会，自然会涌现出有力量的组

---

① 米格代尔．强社会与弱国家：第三世界的国家社会关系及国家能力．张长东，朱海雷，隋春波，等译．南京：江苏人民出版社，2012.

织来替代政府控制社会。

(三)"创造性破坏"冲击现有秩序

经济增长和技术变革通常伴随着经济学家熊彼特所说的"创造性破坏"。当一个经济体经济发展水平还比较低的时候,推动经济增长的主要动力可来自资本积累、劳动投入和技术模仿,这时经济增长的收益往往可以为大多数人分享,也就是说,增长导致共赢的结果。可是,当经济发展到较高水平时,要素投入的边际收益会递减到较低水平,此时持续的经济增长要求创新,而创新必然伴随着创造性破坏进程。在经济领域内的体现就是新技术替代旧技术、新产业替代旧产业,必然同时产生受益者和受损者,传导到社会领域就是破坏已有的社会结构,在政治领域内就是破坏已经建立起来的权力关系。这是一个打破稳定与重建秩序的过程。

随着我国经济越来越迈向技术前沿,这种创造性破坏的影响也会越来越大。而为了实现创新发展战略,我国只有积极面对这种影响,激发地方政府和微观经济主体的积极性。包括:根除为了少数人获益而征用其他人的资源、建立准入壁垒和抑制市场作用的经济制度;赋予大众和地方政府更多的资源配置权利;接受创新带来的失败风险;等等。因此,创造性破坏进程本身需要权利(包括政治权利和经济权利)进一步向地方政府和大众开放。

图1-8呈现了市场经济发展对公共秩序的冲击机制。

二、财政理论从公共物品延伸到公共秩序的必要性

公共物品理论是财政学理论的出发点,霍布斯、休谟、斯密等都对其有论述,而对公共物品概念的系统性阐述体现在萨缪尔森的两篇论文中,其基本观点是公共物品具有两大特征:一是非排他性,指无法排除他人从

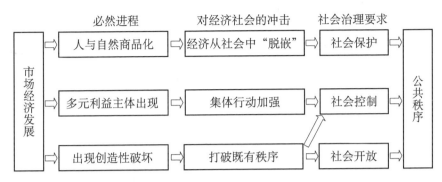

图1-8　市场经济发展对公共秩序的冲击

公共物品中获得利益；二是非竞争性，指消费者增加的边际成本为零①。尽管萨缪尔森界定了公共物品的特征，但是马斯格雷夫、布坎南、奥斯特罗姆等学者对公共物品的内涵一直没有停止过分析，所研究的内容包括公共物品的分类、作用，以及供给的制度条件等一系列问题。

　　总体上看，公共物品理论比较偏重于产品的自然属性（产品包括无形产品，如国防），强调在商品交换过程中，由于市场失灵的存在，市场无法提供具有非排他性和非竞争性特征的产品，因此需要政府提供，目标在于促进市场机制的有效运行。与公共物品理论相比，公共秩序理论比较偏重于制度的社会属性，强调经济秩序是社会秩序的一个组成部分，它对经济和社会均有着根本影响，政府需要借助财政手段来实现社会有效运转，目标是实现人的全面自由发展。

　　需说明的是，公共物品与公共秩序并不是互斥关系，两者有一定的交

---

① Samuelson P A. The pure theory of public expenditure. The review of economics and statistics，1954，36（4）：387-389；Samuelson P A. Diagrammatic exposition of a theory of public expenditure. The review of economics and statistics，1955，37（4）：350-356.

集：公共物品会影响到公共秩序，甚至一些学者认为秩序本身就是公共物品[1]；重视公共秩序并不是否定公共物品的作用，而是强调它的秩序含义，且财政要同时重视对经济秩序与社会秩序的影响。

财政研究不同维度的差异见表1-1。

表1-1　财政研究的不同维度：公共物品与公共秩序

出发点	属性	特点	产生	功能	目标
公共物品	偏重产品的自然属性	非排他性、非竞争性	商品交换	弥补市场失灵	市场机制的有效运行
公共秩序	偏重制度的社会属性	历史性、社会性	国家发展	社会有效运转	人的全面自由发展

从公共秩序这个重要概念和重要社会现象出发，可以拓展传统财政理论的研究内涵，我姑且将之称为"现代财政理论"。现在可以比较一下传统财政理论与现代财政理论两者的理论基点不同（见图1-9和图1-10）。

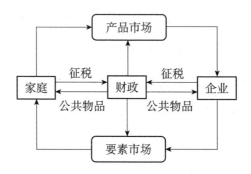

图1-9　传统财政理论中财政的作用

图1-9呈现的是大多数财政学教科书中所阐述的财政的角色。由于市场失灵的存在，政府需要通过向家庭和企业征税来提供公共物品，在征税

---

① 如罗森指出："有一些在传统上不被认为是商品的东西具有公共物品的特征。一个重要例子就是诚实，它降低了交易成本"，"公平分配本身也是公共物品，它让每个人得到满足"。此时罗森将公共秩序特征赋予了公共物品。（罗森. 财政学. 郭庆旺，译. 北京：中国人民大学出版社，2006：48.）

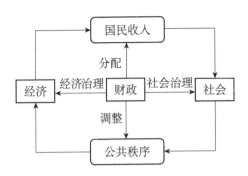

图 1 - 10　现代财政理论中财政的作用

和提供公共物品过程中，财政会对要素市场和产品市场产生很大的影响，这是一个标准的新古典主义经济学分析框架。而图 1 - 10 呈现的是现代财政理论中财政的角色，它强调财政对经济和社会两方面的治理功能。

需强调的是，财政影响公共秩序的方向是让社会形成有活力的秩序，而不是相反。如果以冰、水、汽三种形态形容秩序的话，冰的状态是沉寂的秩序，汽的状态是紊乱的秩序，水的状态才是有活力的秩序。一个强大的国家，既要建立在强大的经济基础上，也要建立在强大的社会基础上。强大经济的表现是经济效率高和总量大，强大社会的表现是社会形成有活力的秩序。

第六节

结　论

财政理论研究的出发点应从公共物品拓展到公共秩序。与公共物品理论相比，公共秩序理论旨在维持一个社会有机体的存在与发展，维护一种社会制度的正常有序运转。公共物品强调的是商品的自然属性，而公共秩序强调的是制度的社会属性，前者是静态的，强调商品的技术特征，而后者是动态的，强调社会公共需要的社会性和历史性特征。财政目标不仅是促进市场机场的有效运转，而且是"人的全面自由发展"。总结本章的研究，主要有如下四个理论要点：

第一，中国财政深受中国传统文化的共同价值观的影响，中国财政的理论与实践必须将马克思主义同中国实际和传统文化相结合。以儒家精神为主导的中国传统文化，是一种以人文精神和人本主义为特色的文化，由此形成中国人的精神"三观"——"大同观、平等观、人本观"。它通过影响国家观念来影响政府施政方向，概括说就是"要在安民，富而教之"，它必然通过财政制度和运行体现出来。

第二，公共秩序是人的基本需要和经济社会运行的保障。秩序是引导人们行为的一套规则，是制度运行的结果，它既是人的基本需要，也会对经济、社会和政治治理产生重要影响。自古至今，中国国家治理的核心是建构一种合理的公共秩序，由此形成国家与经济社会的良性互动。

第三，秩序演化遵循两个路径，它们对财政活动范围和内容的要求不同。一是自发秩序，像市场经济一样，由"无形之手"来指引协调；二是人为秩序，由"有形之手"指引，直接凭借外部权威，靠指示和指令来计划和建立秩序。后者对财政活动要求范围更大、内容更多。不论是认同自发秩序的优越性还是人为秩序的优越性，财政制度均会对公共秩序产生重要影响。

第四，现代财政制度强调它对公共秩序的治理作用。人类经济进入市场经济阶段后，由于人和自然的商品化导致的经济从社会中"脱嵌"、多元化利益格局形成导致的集体行动的加强、创造性破坏导致的既定秩序不断被打破，公共秩序不断面临冲击和重建过程。财政要积极参与社会和政治治理，既满足人们不断增加的物质需要，也要满足人们建立和谐有序的社会秩序的需要。

第二章

"国家治理财政" 的基本框架

| 第一节 |

国家能力两大支柱及其与财政的关系

一、什么是国家能力？

国家治理依赖于国家能力的支持，因此在政治学和经济学的文献中常见到关于国家能力的阐述。国家能力的概念原型最早出现在社会学家和政治学家的著作中，随着 20 世纪下半叶制度经济学的蓬勃发展，国家在经济中的作用得到了广泛的重视，国家能力也理所当然地被纳入了经济学的研究范围。

关于国家能力的内涵，学术界其实并无一致的定义。亨廷顿将"容纳变迁的能力"作为国家能力①。Besley 和 Persson 认为国家能力是指法治能力和征税能力②。Cornick 将国家能力归纳为技术能力、组织能力和政治能力三类③。Acemoglu 等把政府的基础设施提供能力作为国家能力④。米

---

① 亨廷顿. 变化社会中的政治秩序. 王冠华，刘为，等译. 上海：上海人民出版社，2015.

② Besley T，Persson T. The origins of state capacity：property rights，taxation and politics. American economic review，2009，99（4）：1218-1244.

③ Cornick J. Public sector capabilities and organization for successful PDP's. Washington，D. C. ：Inter-American Development Bank，2013.

④ Acemoglu D，Moscona J，Robinson J A. State capacity and American technology：evidence from the nineteenth century. American economic review，2016，106（5）：61-67.

格代尔认为国家能力是"国家通过种种计划、政策和行动实现其领导人所寻求的社会变化的能力"[①]。王绍光和胡鞍钢认为"国家能力是国家将自己的意志、目标转化为现实的能力"[②]。王仲伟和胡伟在综述各种关于国家能力的理论后，认为国家能力就是"国家实现其宏观愿景的能力"[③]。这个定义比较宽泛，容易为各方接受，但不足之处是缺乏具体所指。

更具体地分析，国家能力要怎样展现，才能实现国家发展"宏观愿景"呢？吕冰洋在综合文献分析基础上，提出国家能力其实体现在两点：一是如何培育经济体的内生发展能力，即通过制度创设和机制设计，使得社会能够自发性地参与到财富创造中，这可称为市场增进能力；二是国家能够集中资源来采取那些具有公共性、规模性和长远性的活动，以实现国家发展目标或稳定公共秩序，这可以称得上是组织动员能力[④]。

本章综合一些重要文献研究认为，国家能力有两大支柱：市场增进能力和组织动员能力。

二、国家能力支柱之一：市场增进能力

市场经济是配置资源最有效的方式，如果政府能够增进市场的功能，那么一个经济体必定是充满活力的，因此，国家能力支柱之一是市场增进能力。

对此，制度经济学家奥尔森创造出一个"强化市场型政府"（market-augmenting government）概念。他认为，经济成功有两个条件：一是要求

① 米格代尔. 强社会与弱国家：第三世界的国家社会关系及国家能力. 张长东，朱海雷，隋春波，等译. 南京：江苏人民出版社，2012：152.
② 王绍光，胡鞍钢. 中国国家能力报告. 沈阳：辽宁人民出版社，1993：3.
③ 王仲伟，胡伟. 国家能力体系的理论建构. 国家行政学院学报，2014 (1)：18-22.
④ 吕冰洋. "国家治理财政论"：从公共物品到公共秩序. 财贸经济，2018，39 (6)：14-29.

可靠而清晰界定的权利；二是不存在任何形式的巧取豪夺。政府如果能够满足这两个条件，那么这种政府就是强化市场型政府。如他所言："一个政府如果有足够的权力去创造和保护个人的财产权利，并且能够强制执行各种契约，与此同时，它还受到约束而无法剥夺侵犯私人权利，那么这个政府便是一个'强化市场型政府'"[①]。

为提高市场增进能力，政府应做到三点：

一是公共物品提供。在一些领域，市场存在失灵已是经济学界的共识，对此，政府应提供公共物品弥补市场失灵。这是经典财政学所强调的，在此不再赘述。

二是法律保护。市场经济是自由的经济，包括商品流动的自由和生产要素流动的自由。在自由经济中，政府要保证交易活动能够正常进行，市场活动不会被偷窃、抢劫、违约等中断，需要政府对正常的市场活动予以法律保护。在制度经济学看来，国家相当于在市场交易活动背后的"第三方"，因为如果没有国家的法律保护，交易双方无法产生稳定的预期，交易活动就会中止。并且，随着市场交易范围的扩大和纵向一体化程度的加深，国家的法律保护能力要随之加强[②]。

三是权利开放。市场经济是弥散着复杂信息、广泛分工的经济，在这样的经济中，必须激发各个经济主体的活力才能增进市场功能，也就是说，要进行权利开放。权利开放要做到两方面：一是中央政府向地方政府权利开放，激发地方政府积极参与地方事务治理的积极性；二是政府向社

---

① 奥尔森．权力与繁荣．苏长和，嵇飞，译．上海：上海世纪出版集团，2014：序4.
② 巴泽尔．国家理论：经济权利、法律权利与国家范围，钱勇，曾咏梅，译．上海：上海财经大学出版社，2006.

会权利开放，允许企业、个人和社会组织参与更多的经济和社会事务。

三、国家能力支柱之二：组织动员能力

尽管奥尔森认为政府应是"强化市场型政府"，但他没有论证政府怎样才能强化市场的功能。实际上，从人类发展历程看，市场力量越是被充分动员起来，就越是需要政府有足够的权威维持社会的稳定与市场的运转。根据前文分析，公共秩序遭到破坏实际上就是内生于市场经济发展的三大进程：人与自然的商品化、多元利益集团的兴起、创造性破坏进程的加快。因此，市场经济越是发展，越是需要政府有足够的组织动员能力以维护公共秩序。周庆智用了大量的历史材料证明，中国现代国家建构是一个不断加强权力对经济社会生活的全面渗透的过程，地方政权建设着重于两大能力建设，一是大规模汲取财税能力，二是对社会的全面主导和控制权力[①]。这实际上是强化国家组织动员能力的一种体现。

要提高政府的组织动员能力，政府应做到四点：

一是社会控制。罗斯较早地分析社会控制与社会秩序的关系，认为在现代社会，为避免"人与人的战争"状态，需要进行一定的社会控制[②]。在社会控制中，国家层面的社会控制不可缺少，只有在社会控制高度集中时，一个强而有力的国家才能出现[③]。实现社会控制的意义有三：避免市场经济原则侵入社会，形成资本支配下的"市场社会"；避免社会组织发展成为一种挑战政府权威的力量；能够及时应对国家层面的危机。

---

① 周庆智. 县政治理：权威、资源、秩序. 北京：中国社会科学出版社，2014.
② 罗斯. 社会控制. 秦志勇，毛永政，译. 北京：华夏出版社，1989.
③ 米格代尔. 强社会与弱国家：第三世界的国家社会关系及国家能力. 张长东，朱海雷，隋春波，等译. 南京：江苏人民出版社，2012.

二是宏观调控。市场经济运行不可避免会出现经济波动，这种可能的经济波动的来源有供需失衡、外部冲击、创造性破坏、产业结构的转换等。为避免经济波动对经济和社会造成剧烈冲击，政府需要进行宏观调控。在宏观调控中，既需要动员力量，也需要控制力量，两者是辩证统一的，没有控制就谈不上动员，在动员力量后更需有效地控制力量，包括经济力量和政治力量。

三是政治集权。要提升国家的组织和控制能力，势必要求实行一定的政治集权，这实际上是近些年来一些著名学者所强调的主题。如阿西莫格鲁和罗宾逊指出，"包容性政治制度"体现在足够集权和多元化两点上，韩国和美国成功的关键不仅在于具有多元化的政治制度，而且还在于它们是足够集权和强有力的国家[1]。福山指出，构成政治秩序的三个重要因素之一，是国家是中央集权且等级分明的组织[2]。

四是财政汲取。财政收入是政府施政的保障，也是在国与国竞争中让国家能够胜出的关键。但是提高财政汲取能力并不意味着一味地提高税率，而是要让财政收入在能够支撑国家目标实现的同时，并不会增加社会对政府征税的抵触。理查德·邦尼主编的《欧洲财政国家的兴起：1200—1815年》一书指出，英国之所以能够在激烈的国际竞争中胜出，关键是英国国家税收逐渐由依赖间接税转变为越来越频繁地征收直接税，税收收入不断增长并能支撑巨大的军事开支。

实际上，从中国丰富的历史经验看，这两大支柱能力体现着国家能力

---

[1] 阿西莫格鲁，罗宾逊. 国家为什么会失败？. 李增刚，译. 长沙：湖南科学技术出版社，2015.

[2] 福山. 政治秩序与政治衰败：从工业革命到民主全球化. 毛俊杰，译. 桂林：广西师范大学出版社，2015.

几乎是不言自明的道理。财政作为联结政府与政府之间、政府与经济社会之间的重要纽带，无疑与这两大能力建设密切相关。表 2-1 列举了一些财政制度，呈现出它们与国家能力的关系。

表 2-1　国家能力的支柱与财政关系

两大支柱	手段	财政制度举例
市场增进能力	公共物品提供	财政支出、转移支付
	法律保护	税收法定
	权利开放	PPP 合作、财政分权、预算公开等
组织动员能力	社会控制	直接税设计、预算制度
	宏观调控	财政政策、租税分设
	政治集权	税权集中、事权集中、税收制度
	财政汲取	税收制度、税收管理、非税及债务制度

第二节

现代财政制度的职能：保护、生产和分配

由于政府存在促进经济发展和社会发展双重目标，因此传统意义上的财政职能要拓展，以与提高国家治理能力的目标相匹配。

一、传统财政职能的局限与现代财政职能的拓展

关于财政的职能是什么，财政学界经过了很多次争论。目前国内外广

泛接受的是马斯格雷夫的"三职能"论，即财政职能是：资源配置职能、收入分配职能、经济稳定和增长职能。显然，这三个职能均是从经济角度考虑的。但如果从促进社会发展角度看，这三个职能是有很大局限性的。

制度经济学家认为，政府有三个职能：保护性职能、生产性职能和产权再分配职能①。实际上，中国传统文化早已阐明斯义，本书第一章引用的《汉书·食货志》的一段话，实际上就体现着在中国传统文化影响下的政治哲学，它将政府施政重点概括为"要在安民""富而教之""均亡贫"。其中，"安"与保护性职能对应，"富"与生产性职能对应，"均"与产权再分配职能对应。以此判断，马斯格雷夫概括的财政三职能实际是政府三职能的一部分，仅强调财政的生产性职能和部分产权再分配职能。根据财政与经济和社会关系的分析，财政职能实际上能够体现政府的三个职能，而这恰恰是建立现代财政制度的内在职能要求。现代财政制度的职能结构见图2-1。

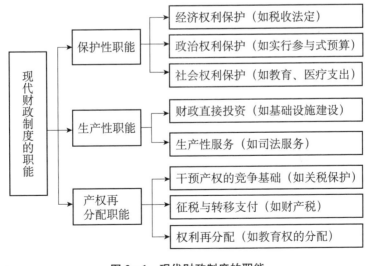

图2-1 现代财政制度的职能

---

① 柯武刚，史漫飞. 制度经济学：社会秩序与公共政策. 韩朝华，译. 北京：商务印书馆，2004：357-380.

首先分析财政的保护性职能。国家的一个重要职能是保护公民的权利,既包括经济权利,也包括政治权利和社会权利。国家要保护公民这些权利,很多时候需要通过财政手段来实现。例如:就经济权利而言,坚持税收法定原则就意味着政府与纳税人建立稳定的契约关系,避免公权力对人民财产的肆意剥夺,本质上是对私有财产权的一种保护;就政治权利而言,公民对政治生活的参与,很多时候需要借助代议制机构来影响政府收支行为,实际上,正如英国谚语所说,"税收是代议制之母",国会或议会最初的功能就是召开评税会议;就社会权利而言,公民享受义务教育、医疗卫生、养老保障等权利,无一不是财政的重要内容。在制度经济学家看来,捐税实际上是公民交给国家保护公共财产权和其他权利的一种费用。

其次分析财政的生产性职能。财政投资于生产,能够直接带来产出的扩大。在内生增长理论中,财政生产性支出通过为企业提供生产性服务、缓解市场拥挤、保障产权等,可以进入私人企业的生产函数,从而提高私人企业的生产率。因此,财政生产性支出对经济产出扩大有直接和间接两方面作用。

最后分析财政的产权再分配职能。国家的产权再分配有两种手段:一是政府征税和转移支付;二是直接干预私人产权的竞争基础。前者无可非议是财政职能的一部分;就后者而言,财政拥有丰富的干预私人产权的手段,如关税保护、税收优惠、财政补贴、国有企业定价等,这些政策既会改变产权分配结果,也会从一开始影响竞争基础。实际上,财政还有社会权利再分配功能,例如通过改变医疗、教育等投入的流向就可改变人们享有医疗权和教育权的程度。

二、实现现代财政职能的社会政策方向

为实现现代财政制度的三项职能，财政政策就不能仅体现在经济政策上，还应体现在社会政策上。经济政策与社会政策的区别是，经济政策关注的是稀缺资源的分配，而社会政策关注的是社会需要的满足。为充分发挥现代财政制度的职能，财政政策除应继续采用各项经济政策外，还应强调它的社会政策方向，就中国的现实而言，主要体现在以下几个方面。

一是奠定实行社会政策的制度基础。实现社会政策的前提必须是国家能够对社会实施有效控制，财政要为政府对社会的控制提供丰富的手段。以税收来说，我国税制以间接税为主，间接税的纳税人主要是企业，这使得国家仅能对企业实施有效控制，而对个人控制较弱。以个人或家庭为纳税人的主要税种是个人所得税和未来将开征的房地产税，这两大税种分别体现个人或家庭的收入和财产信息，通过对这些信息的掌握，政府可合理高效地渗入家庭这个社会细胞内部。就财政预算来说，在基层推行参与式预算，让人民参与财政预算的讨论和管理，可有效地建立政府与社会的互动关系，并化解社会风险。

二是保护人们的政治和社会权利。市场经济的发展会深刻地影响人们的生活，一部分社会组织会在冲击下削弱和涣散，另一部分社会组织会形成和崛起，不同阶层的政治和社会权利随之受到影响。在此背景下，财政要积极有为地保护人们的政治和社会权利。例如：通过社会保障支出保护

弱势群体的生存权，通过合理安排教育支出保障人们受教育的权利，通过环境保护支出保护生存环境，乃至通过推行税收法定原则、推行参与式预算保障人们的参政权。

三是要促进社会公正。传统财政职能强调财政的收入分配职能，实际上，仅就经济意义而言，收入分配也只是部分地体现人们的经济平等状况，除了收入分配之外，公共服务分配、税负分配、财富分配都会影响人们之间的经济平等。个人所得税、转移支付、就业政策、公共服务支出、间接税、财产税等一系列财政政策对这四种分配均会产生较大的影响。从社会意义上看，经济平等仅体现社会公正的一个侧面，同时还要体现人们的政治权利和社会权利相对平等。财政预算制度、社会保障制度、财政收支制度等都会深刻地影响人们的政治权利和社会权利。因此财政政策既要推动经济公平，也要推动政治权利和社会权利公平。

三、现代财政理论与传统财政理论的研究范畴比较

至此，我粗略勾勒出现代财政理论的基本框架，将它与传统财政理论做比较，两者的区别有以下几点（见表 2-2）。

一是研究的治理对象的区别。传统财政理论主要是在市场失灵背景下，研究政府如何提供公共物品以提高经济效率的问题，本质上是经济治理问题。现代财政理论并不否认经济治理的重要性，不过其进一步认识到，市场经济的发展会冲击原有的社会秩序，从保护人的生存环境、维护政府权威、激发社会活力角度考虑，政府需要保护社会、控制社会和向社会开放权利，由此需要依托现代财政制度进行社会治理。

二是财政职能的区别。传统财政理论考虑的三大财政职能是资源配置、收入分配与经济稳定和增长，它们基本属于经济职能。而现代财政理论的财政职能体现国家的职能，它包括保护性职能、生产性职能和产权再分配职能。

三是财政政策属性的区别。从各项财政政策的属性看，传统财政理论强调的财政政策基本属于经济政策，而现代财政理论强调的财政政策既包括经济政策，也包括社会政策。

四是财政嵌入范围的区别。制度需要嵌入一定的经济和社会环境才能得以运行，其嵌入范围越深、越广，制度发挥的效力越大。从嵌入范围看，传统财政理论强调财政嵌入经济之中，而现代财政理论不但要求财政制度嵌入经济中，还要嵌入社会中。财政嵌入社会一方面更能让税收、预算等制度安排发挥社会契约精神；另一方面更能让国家实现社会控制，避免社会秩序出现混乱。

五是财政目标的区别。传统财政理论源自市场失灵，财政目标自然是市场机制的有效运行。而现代财政理论是基于满足社会公共需要的，财政的目标是经济发展和社会有序。

表 2-2 传统财政理论与现代财政理论比较

项目	治理对象	财政职能	财政政策属性	财政嵌入范围	财政目标
传统财政理论	经济治理	资源配置、收入分配、经济稳定和增长	经济政策	嵌入经济	市场机制的有效运行
现代财政理论	经济治理＋社会治理	保护性职能、生产性职能、产权再分配职能	经济政策＋社会政策	嵌入经济＋嵌入社会	经济发展和社会有序

国家治理体系：增进公共秩序

一、公共秩序的两个增进效果：活力与稳定

国家治理是经济、社会、政治、文化和生态"五位一体"的治理体系，其中，经济、社会和政治是核心。根据前面的分析，市场经济越是发展，越是需要公共秩序做出相应调整。那么，怎么才能算是增进公共秩序呢？这主要体现在两个方面。

一是体现在秩序的活力上。市场经济天然是自由的经济。没有个人行动的自由，就无法保证商品和要素市场的自由流动，也就无法保证市场在资源配置中发挥决定作用。也正因为如此，弗里德曼指出，"市场保证了个人自由本身"[①]。增进公共秩序的体现之一，就是激发个人、社会组织、地方政府的活力，使其能在广泛的交易范围、广阔的社会空间里活动。

二是体现在秩序的稳定上。市场交易范围的扩大、市场分工的深入、社会组织的活跃、政府间竞争的激烈，会使得各市场参与主体信息不对称

---

① 弗里德曼．资本主义与自由．张瑞玉，译．北京：商务印书馆，2004．

性提高,而不对称信息容易激发机会主义行为,为此,建立一个保证承诺有约束性并能强制执行的规则是非常有必要的。这需要政府对经济社会进行一系列控制,包括:控制市场自由竞争带来的无序行为,控制市场领域对社会领域的侵入,控制地方政府间的无序竞争行为。

那么,如何增进公共秩序呢?本章认为,在经济、社会和政治的治理方面,应实现三个目标:经济有效率、社会有秩序、政治能包容(见图 2-2)。为实现这三个目标,经济治理上要兼顾经济增长和经济调控,社会治理上要兼顾社会保护和社会控制,政治治理上要兼顾权利开放和权威维护。下面分别进行阐述。

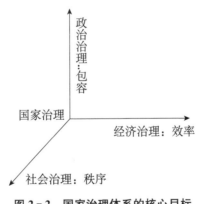

图 2-2 国家治理体系的核心目标

二、经济治理的目标:效率

为实现经济效率,经济治理要兼顾促进经济增长和进行宏观经济调控。

第一,促进经济增长。市场经济的发展使得生产力得到极大的解放,古典经济学强调自由竞争的市场经济由"看不见的手"的指引,自动会使得资源配置达到最优状态。但是在 Barro 等提出的内生增长理论中,强调政府生产性支出增加会促进经济增长，因此经济中实际上有一个最优的财政支出或税收规模[①]。而在巴泽尔提出的"国家理论"中，如果没有政府作为"第三方实施"的力量存在，市场契约将得不到有效执行，实际上经济增长也不可持续[②]。因此，经济增长并不是政府无为而治的结果，政府为促进经济增长，一是实行有效的财政支出和税收政策，二是作为"第三方实施"的力量，保护市场契约的执行。

第二，进行宏观经济调控。经济增长又常伴随着剧烈的经济波动，这种波动来自需求、汇率、技术等的冲击，为平滑经济波动，政府需要运用财政政策和货币政策来干预经济。因此可以说，政府进行经济治理的目标是兼顾经济增长和经济稳定。

三、社会治理的目标：秩序

由于市场经济的发展会对社会秩序造成严重冲击，因此政府在促进市场经济发展的同时，决不能旁观市场进入社会领域，让市场机制成为社会的主宰，需要采用一系列手段通过社会保护和社会控制来干预社会。

第一，政府要进行社会保护。波兰尼认为，如果放任市场机制干预社会，那么它就会导致社会的毁灭。在自发调节的市场体系所固有的威胁面前，社会要奋起保护自己，这就是这个时代历史的综合性特征，他称之为市场发展与社会保护的双向运动[③]。而能够对社会施加保护的最强大力量，

---

① Barro R J. Government spending in a simple model of endogeneous growth. Journal of political economy，1990，98（5）：103-125.

② 巴泽尔. 国家理论：经济权利、法律权利与国家范围. 钱勇，曾咏梅，译. 上海：上海财经大学出版社，2006.

③ 波兰尼. 大转型：我们时代的政治与经济起源. 冯钢，刘阳，译. 杭州：浙江人民出版社，2007.

无疑来自政府。

第二，政府要进行社会控制。社会控制是一个典型的社会学概念，它与社会秩序密切相关。完全自发的社会秩序仅存在于原始社会，进入文明社会后的人类社会，为避免"人与人的战争"状态，不可避免地需要进行社会控制。芝加哥社会学学派代表人物帕克甚至在其具有广泛影响的《社会学导论》中提出：一切社会问题最终都是社会控制问题①。社会控制有多个途径，其中国家层面的社会控制无疑居于非常重要的地位。正如米格代尔所言：国家的社会控制不只意味着国家机构对社会的渗透，也不仅仅是成功地汲取资源。它还包括为特定目标恰当地分配资源、规制人们的日常行为的能力。只有在社会控制高度集中时，一个强而有力的国家才能出现②。在市场经济冲击下，为防止社会自我组织成为政府权威的一种消解力量，政府除了要保护社会外，还要采用合理方式控制社会，以促使社会遵从一定的社会秩序。

米格代尔认为，社会控制有三个等级：初等的社会控制是服从，即政府强制性要求公众服从某种规则。中等的社会控制是参与，即政府吸引公众参与特定任务。高等的社会控制是合法性。合法性是指，让公众认同国家的游戏规则和社会控制是正确的，认同国家理念下的秩序符合民众自己的价值体系。合法性作为决定国家强度最强有力的因素，比服从和参与的范围更广泛。

不论是社会保护还是社会控制，两者的目的都是要稳定社会秩序，这

---

① Park R E. On social control and collective behavior. Chicago：The University of Chicago Press，1967.

② 米格代尔. 社会中的国家：国家与社会如何相互改变与相互构成. 李杨，郭一聪，译. 南京：江苏人民出版社，2013.

是任何一个政府都要面对的现实。

四、政治治理的目标：包容

阿西莫格鲁和罗宾逊在《国家为什么会失败》一书中提出"包容性政治制度"这一核心概念，"我们把足够集权和多元化的政治制度称作包容性政治制度（inclusive political institution）。只要其中一个条件不满足，我们就把这种制度称作汲取性政治制度"。并认为只有包容性政治制度才能促进长期经济增长①。根据他们的定义，以及前文的分析，建立包容性政治的核心有以下两点：

第一，权利开放。权利开放如前文所论证的，一是政府向社会开放权利，以激发市场和社会的活力；二是中央政府向地方政府开放权利，以激发地方政府对地方事务治理的积极性。

第二，权威维护。权利越向社会和地方政府开放，越需要维护甚至强化整个政府或中央政府的权威。正像用一根绳子拴着球旋转，旋转越快，离心力越强，如果向心力不随之增大，那么球就会脱离控制。正如阿西莫格鲁和罗宾逊所言，实现一定政治集权以建立法律和秩序的制度是市场经济的基础。

图2-3呈现了国家治理体系的构成。同时在右侧框图中，也呈现了推动国家治理的重要手段，以及财政作用的相对位置。法律、经济体制、金融制度、行政制度等都会影响国家治理，财政制度是国家一系列制度的一个组成部分，它与其他各项制度一起对国家治理产生重要影响。经济导向

---

① 阿西莫格鲁，罗宾逊. 国家为什么会失败？. 李增刚，译. 长沙：湖南科学技术出版社，2015.

的财政制度与国家治理导向的财政制度是有很大差异的。在图 2-3 中可以看到,对推动国家能力和国家治理水平的提高而言,财政制度发挥着重要支柱作用。

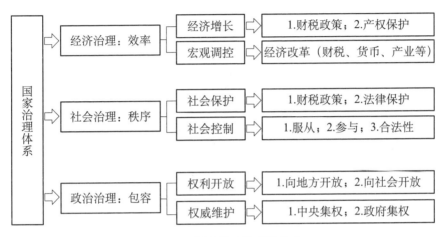

图 2-3 国家治理体系的构成

| 第四节 |

第四节

国家治理财政的框架

面对市场经济发展所产生的对经济、社会和政治的严重冲击,财政制度要积极参与这三方面治理。财政制度参与经济治理已是不言自明的道理,这里我简单阐述财政制度参与社会和政治治理的问题,它们之间的联系见图 2-4。

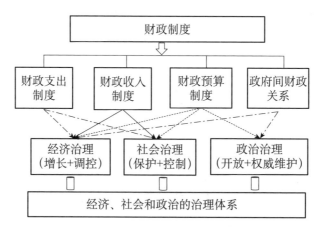

图 2-4 财政制度与国家治理的关系

一、财政预算制度与政治治理和社会治理的关系

财政预算制度对政治治理的影响体现在权利开放上。预算审查和监督权力最终归各级人民代表大会所有,在此过程中,人民代表可限制政府过度的征税权和约束政府的支出权,以充分保障纳税人的权利,从而使政府"看不见的手"变为"看得见的手",这本身就是权利开放的过程。

财政预算制度对社会治理的影响主要体现在社会控制上。按米格代尔将社会控制程度分为服从、参与和合法性三个等级进行判断[①],预算的影响是在参与和合法性这两个较高等级上。预算公开透明、人大预算监督和公众参与预算能够限制公权力的滥用,本身就是民主政治的一个重要体现。公权力行使的规范性、透明度和绩效提高,又会使人民对政权的认同

---

① 米格代尔. 社会中的国家:国家与社会如何相互改变与相互构成. 李杨,郭一聪,译. 南京:江苏人民出版社,2013.

度提高，增强社会共识。

二、财政支出制度对社会治理的影响

财政支出制度可以有效地保护社会秩序。保护手段有二：一是财政直接支出。市场经济越发展，人与自然的商品化程度越高，对原有社会秩序的冲击也越猛烈，此时财政可以通过加大社会保障支出来避免社会受到严重冲击。随着经济发展，公共服务的需求会迅速增长。二是政府购买公共服务。政府购买公共服务可以使社会化生产私有化，而获取这些物品和服务的权利继续存留于公共领域之中。由此政府与社会组织可建立起良好的合作伙伴关系，既有助于政府机构精简，也有利于社会组织发展，还有利于满足社会公众多元化需求，达到激发社会活力的效果。同时广泛的公私合作又避免社会组织成为政府权威的消解力量。

财政支出制度对社会控制主要表现在对非政府组织的影响上。随着经济发展，社会上将涌现大量的非政府组织，这些组织在提供公共物品的同时，也可能让政府对社会控制力度下降，此时政府可以通过财政支出参与非政府组织建设。实际上，这也是世界上许多国家的做法。据 Salamon 对 39 个以发达国家为主的各国非营利组织的收入来源统计，政府资助平均占 35%，收费平均占 50%，慈善捐赠平均仅占 15%[①]。不难想象，当社会组织资金很大一部分来自政府资助时，它只会成为政府的合作者，而不是政府权威的消解力量，这也是美国等发达国家公益组织大量资金来自政府资助的一个重要原因。

---

① Salamon L M. Rethinking corporate social engagement：lessons from Latin America. Sterling：Kumarian Press，2010.

三、财政收入制度对社会治理的影响

财政收入制度既影响社会保护，也影响社会控制。通过减免社会组织税收、鼓励向社会组织的捐赠扣除等方式，促进各类慈善组织、公共服务组织、私立学校、宗教组织等良性社会组织的发展，使社会自我组织能够发挥稳定社会秩序的作用。

就对社会控制的影响而言，财政收入体制中个人所得税、房地产税的征收，可以使得税收深入到家庭这个社会细胞内部，了解家庭收入和财产信息，以及与其相联系的行为信息。

四、政府间财政关系对政治治理的影响

政府间财政关系包括政府间事权分配[①]、税权分配和转移支付安排，它们均是影响政府行为的重要制度，因此政府间财政关系会对政治治理产生重要影响。一是它关系到权利开放问题。事权意味着政府职能，事权分配就意味着地方政府的职能范围，税权分配和转移支付安排至少意味着政府规模。二是关系到中央政府权威维护问题。从中国历史上看，政府间财

---

① 长期以来，我国政府和学界将政府间财政关系的核心分为事权、财权和转移支付三部分。什么是事权？财政部前部长楼继伟（2014）指出，"事权就是政府职能"。我国关于事权分配改革的提法有几次变化，从1993年分税制改革提出"事权与财权相结合"到2007年十七大"财力与事权相匹配"，再到2013年十八届三中全会后的"事权和支出责任相适应"，提法的改变反映对事权认识的变化。楼继伟（2018）指出："事权改革作为推进国家治理体系和治理能力现代化的重要内容，涉及政府与市场、政府与社会、中央与地方关系，涵盖政治、经济、社会、文化和生态文明各个领域，是一项复杂的系统性工程。"这显然不是财政部门独自所能推动的改革。为便于改革进行，近年来，政府部门提出"财政事权"一词并给予界定："财政事权是一级政府应承担的运用财政资金提供基本公共服务的任务和职责。"（《国务院关于推进中央与地方财政事权和支出责任划分改革的指导意见》，国发〔2016〕49号。）它在"事权"概念基础上，补充了"运用财政资金"这一限定。考虑到我国长期以来关于财政体制的表述，本书延续文献一般说法，不特别强调"财政事权"。（楼继伟.深化事权与支出责任改革，推进国家治理体系和治理能力现代化.财政研究，2018（1）.）

政关系是中央政府控制地方政府的重要制度。

中国改革开放以来的实践，也充分说明政府间财政关系对政治治理的影响。在 1980—1993 年财政实行"分灶吃饭"制度期间，中央政府总体上对地方政府实行分权让利的制度和政策，结果是中央财政收支占全国财政收支的比重直线下降，到 1993 年仅为 20％左右，中央政府宏观调控能力受到极大影响，中央政府权威有受到地方政府挑战的风险。分税制改革后，中央政府财政状况大大好转，事权下放和税权集中一起，总体上既调动地方政府的积极性，同时也保持中央政府的高度控制力。

图 2-5 中列举了几方面重要财政制度与国家治理的关系。财政制度有着丰富的内容，这里不可能——展开分析，因此只是提出大致的框架设计。

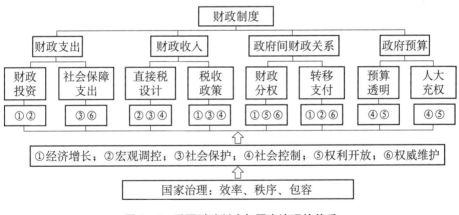

图 2-5 重要财政制度与国家治理的关系

至此，本章沿着财政制度—增进公共秩序—国家能力支柱—实现国家治理目标的逻辑，完成了国家治理财政的框架设计。

结　论

本章以公共秩序为核心，详细阐明财政与国家治理的关系，建立起国家治理财政论的基本框架，这有别于传统财政学认为财政活动从市场失灵出发，以提供公共物品为核心的理论框架。总结本章的研究，主要有如下几个理论要点：

第一，国家治理依赖于国家能力的支持，国家能力的两大支柱是市场增进能力和组织动员能力。提升市场增进能力的主要手段是公共物品提供、法律保护和权利开放，提升组织动员能力的主要手段是社会控制、宏观调控、政治集权和财政汲取。财政制度与国家能力的提升有着密切关系。

第二，现代财政制度的职能是保护性职能、生产性职能和产权再分配职能：保护性职能体现为在促进市场经济发展的同时能够保护社会；生产性职能体现为促进经济稳定增长；产权再分配职能体现为改变居民收入分配、产权分配、权利分配。

第三，为建设良好的公共秩序，国家治理目标是：经济有效率、社会有秩序、政治能包容。为实现该目标，经济治理需要兼顾经济增长和经济稳定，社会治理需要兼顾社会保护和社会控制，政治治理需要兼顾权利开放和维护权威。

第四，财政制度能够有效地实现国家治理目标。财政支出、收入、预算和政府间财政关系中的一系列制度安排，从不同侧面有助于经济增长和稳定、社会保护和控制、权利开放和维护权威的目标的实现。

本章论证了"财政是国家治理的基础和重要支柱"这一个论断的合理性，所建立的国家治理财政具有一系列的政策导向意义，可以为现行财税体制改革面临的难点或困境提供解决思路。在后面各章中，将提出现代财政制度构建的具体举措。

第三章

现代财政制度的构建方向：
从经济到社会

| 第一节 |

财政制度的秩序意义：民主法治基础上的社会整合

从财政学起源和发展看，在官房学—欧洲大陆学派—公共选择理论的学科发展脉络中，秩序从来就是财政学研究的重要主题。但是当代建立在新古典主义经济学基础上的财政学容易忽视这一学术研究传统。实际上，财政制度本身就有秩序的含义，建立在社会主义民主法治基础上的财政制度建设，对整合多元社会、增进公共秩序具有重要作用。

一、财政的公共秩序治理内容：保护、控制和权利开放

财政制度本身既代表着一种秩序，同时也会对外在的公共秩序产生重要影响。那么，财政影响公共秩序治理的主要内容是什么？根据前文分析，市场经济发展，一方面带来既有秩序的破坏，另一方面市场经济需要鼓励创新，由此需要建立权利开放的秩序。财政的公共秩序治理内容包括以下三个方面。

（一）社会保护

波兰尼指出，自由市场经济发展对原有的社会秩序产生极大的破坏作用，要想文明进程不断打断，需要同时进行市场发展与社会保护的双向运动。而能够对社会施加保护的最强大力量，无疑来自政府。财政作为政府

与市场、政府与社会的互动平台，涉及广泛的权利关系，在财政这个平台上，可以展现各阶层的利益诉求，一方面可保护社会的基本生活需要（如基本公共服务均等化），另一方面可保护各阶层的基本公民权利（如税收法定主义保护人们的财产权）①。

（二）社会控制

在市场经济冲击下，为防止经济从社会中"脱嵌"带来社会控制碎片化，为防止社会自我组织成为政府权威的一种消解力量，政府除了要保护社会外，还要采用合理方式控制社会，以促使社会遵从合理的秩序。

容易被人忽视的是，财政可有效地实行社会控制。借用政治学者米格代尔将社会控制按程度分为服从、参与和合法性三个等级的归类②，财政对社会控制可体现在：一是促使社会服从，例如税收的强制性要求公众遵守税法，再如综合制的个人所得税和财产税的征收，可以使得政府巧妙地渗入社会深层；二是吸引公众参与，例如参与式预算本身就是民主的试验田；三是提高政府权威的合法性，例如税收坚持法定原则、预算制度透明高效能够促使公众认同国家的游戏规则，这是最高等级也是最巧妙的社会控制。当民众认为财政制度和政策体现民众自己的价值体系时，社会秩序自然就会处于稳定和有活力状态。

（三）权利开放

市场经济发展需要创新驱动，创新活动对社会秩序既有破坏作用，同

---

① 波兰尼.大转型：我们时代的政治与经济起源.冯钢，刘阳，译.杭州：浙江人民出版社，2007.

② 米格代尔.社会中的国家：国家与社会如何相互改变与相互构成.李杨，郭一聪，译.南京：江苏人民出版社，2013.

时又是经济发展所必需和鼓励的。为鼓励创新，需要中央向地方、政府向社会广泛开放权利，包括：根除为了少数人获益而征用其他人的资源、建立准入壁垒和抑制市场作用的经济制度；赋予大众和地方政府更多的资源配置权利；接受创新带来的失败风险。就是说，要建立"权利开放的社会秩序"①。为建立这样的秩序，激发地方政府和社会的活力，财政制度要达到这样的效果：一是在政府间财政关系处理上，中央政府要向地方政府分权；二是在政府与社会关系处理上，政府要向社会放权，例如，吸引社会组织参与公共物品供给，在预算制订和监督中让更多的民众参与。

二、财政影响公共秩序的基础：社会主义民主与法治

民主和法治是现代政治制度的基本特征，也是建设新时代中国特色社会主义的基本要求。财政作为联结政府与经济、政府与社会、中央与地方的利益协调平台，它的制度建设要建立在民主与法治基础上，这样将更好地发挥增进公共秩序的功能。

第一，在社会主义民主平台上，财政可有效协调社会利益。

社会主义市场经济的发展，深刻地改变了社会秩序结构。一方面市场经济迫使经济从社会中"脱嵌"，对原有的社会秩序结构造成破坏；另一方面市场经济对社会利益产生分化作用，社会涌现出多元利益群体。这两方面运动均要求政府在市场经济中发挥更大的协调社会利益作用。在现代政治框架下，由人民决定何谓公共利益、公共利益通过何种途径实现。对

---

① "权利开放的社会秩序"概念来自诺思等，他们认为，人类文明历史上有两种社会秩序——权利限制秩序和权利开放秩序，并且"权利开放秩序比之自然国家，更迫切地需要一个组织缜密的制度结构和程序，其执政的明确程序必须更为透明和详尽。"（诺思，瓦利斯，温格斯特. 暴力与社会秩序. 杭行，王亮，译. 上海：上海人民出版社，2013：168.）

此可以说，建设现代财政制度的第一个维度是建设民主财政。

第二，在社会主义法治平台上，财政可有效保护社会权利。

市场经济是有效率的经济，它遵循的是等价交换原则，然而该原则却不适用于社会领域。为避免市场经济中强势的社会个体伤害其他个体，以及市场经济发展导致严重的发展不平衡，财政制度要在法治平台上保护社会权利，禁止不可预见行为和机会主义行为。首先体现在与财政有关的一系列的法律安排上，通过法律来保护社会权利。与财政相关的法律非常多，除了每个税种都需要立法外，还包括《预算法》《税收征管法》《政府采购法》，甚至包括《基本公共服务法》《政府间财政关系法》《税收基本法》等。其次，在财政管理上要体现法治的要求。财政活动不可避免地会介入市场与社会的微观活动，如果不在法治基础上进行，很容易出现差异性对待现象，这本质上是对微观主体权利的歧视性对待。因此，建设现代财政制度的第二个维度是建设法治财政。

| 第二节 |

中国财政制度的演变逻辑：从嵌入企业到嵌入社会

国家治理需要相应的制度嵌入治理对象中才能进行，因此可以从财政制度嵌入范围来分析中国财政制度的演变逻辑，认为中国财政制度沿着建设财政—公共财政—现代财政的演变逻辑，就是嵌入企业—嵌入经济—嵌入社会的递进演变，由此财政功能不断地在拓展和深化。

一、嵌入企业：新中国成立至 1993 年的财政制度运行基础

从新中国成立到 1993 年，我国的财政体制总称为统收统支制度（1949—1979 年）和财政包干制度（1980—1993 年）。在这一时期，国家面临的主要问题是如何促进经济迅速增长，不论是统收统支制度还是财政包干制度，均服从这个最主要的目标。

在计划经济时代，财政的主要作用是筹集资金支持工业建设，财政制度主要是嵌入国营企业来运转：一是从财政收入看，其主要来自国营企业；二是从资金用途看，财政资金主要拨给国营企业，包括无偿拨款建设工业项目，提供财政贴息贷款，对工业项目建设所需投入提供价格补贴；三是管理和监督国营企业资金运用。国营企业的固定资产投资来源于财政直接拨款，财政必然要肩负起管理和监督国营企业资金运用的职责，国营企业几乎所有财务活动都被纳入国家财政的范畴，成为国家财政的重要组成部分。

进入改革开放时代后，为激活微观经济主体活力，财政逐渐实施一系列减税让利政策，主要有：一是实行企业利润留成、利改税等制度改革，提高企业收入；二是对涉外企业和非国有企业实行税收优惠；三是提高农副产品收购价格，调整城镇企业职工工资。从 20 世纪 80 年代财政运行实践看，财政除了满足基本行政经费外，其他大多数政策是围绕如何调动企业积极性来实行，财政主要服务目标是促进经济增长，社会保障制度尚未建立，对卫生、医疗、教育公共服务的提供重视不足。促进经济增长的单

一目标使得财政制度自动地嵌入到企业中。

值得注意的是，在计划经济时代及改革开放后一段时间，企业虽然名称上叫作企业，但其实包含了一些社会职能，并不是现代经济意义上的经济主体，而是集生产、分配、生活等各种经济—社会功能于一体的特殊组织，因此有学者将其称为"单位"①。由于在当时历史条件下，国营企业是国家财政的组成部分，因此也可以说，在这一时期的前半阶段，财政通过单位式企业无意中嵌入了社会。

二、嵌入经济：1994 年至 2012 年的财政制度运行基础

以 1993 年党的十四届三中全会为起点，到 2012 年党的十八大为止，中国改革目标是建立和完善社会主义市场经济体制，无疑，财政制度要嵌入经济才能有助于这个目标的实现，此时期财政主要作为有三。

一是通过税制改革，推动统一市场建设。市场经济的特点是鼓励商品和要素充分流动，而经济主体间税负公平是市场化改革的重要基础。为此，我国在 1994 年后进行了一场旨在推动市场经济建设的大规模税制改革。在统一商品市场方面，全面改革流转税，形成了以增值税为主，消费税、营业税为辅，并且内外统一的流转税制，实现了工业市场的统一以及国内外商品市场的统一。在统一要素市场方面，一方面统一内资企业所得税，取消原来分别设置的国营企业所得税、国营企业调节税、集体企业所得税和私营企业所得税，推动内资企业资本要素市场的统一；另一方面统一个人所得税，取消原个人收入调节税和城乡个体工商户所得税，调整应

---

① 路风. 单位：一种特殊的社会组织形式. 中国社会科学，1989（1）：71-88.

税项目和税率，推动劳动要素市场的统一。

二是实行积极财政政策，进行宏观经济调控。市场经济的建设使得内部与外部经济联系更加紧密，随之而来的是外部经济冲击风险加大。1998年和2008年，我国经济分别受到亚洲金融危机和全球金融危机的严重冲击，国内经济出现出口萎缩、经济下滑局面，为此，我国分别启动了两次积极财政政策来抑制经济衰退。在这两次积极财政政策中，财政政策对经济的直接作用面不断扩大：第一次以增加税收、发行长期建设国债6 600亿元、扩大政府直接投资为特点，扩张性财政政策主要通过嵌入国有企业，以国有企业投资增长来带动实行；第二次以财政与银行共同投资4万亿元、实行5 000亿元规模左右的结构性减税、扩大财政补贴为特点，减税和财政补贴同时影响供给和需求，也对更大范围的经济组织产生影响，财政政策嵌入经济的程度明显提高。

三是构建公共财政框架，化解改革成本并规范财政行为。前文指出，市场经济发展必然带来经济从社会"脱嵌"的过程，将对公共秩序产生巨大冲击，由此需要财政实施保护性职能。我国在20世纪实施的一系列推动社会主义市场经济发展的改革，一方面使得劳动力从国有企业、土地中解放出来，另一方面也使得建立社会保障制度的迫切性加强。1998年是国有企业大规模改革的年份，当年成立了劳动和社会保障部，并将促进国有企业下岗职工再就业与养老、医疗制度改革当作工作重心。同时，政府开始致力建立健全覆盖城乡全体居民的社会服务和保障体系，包括免费九年义务教育、最低生活保障和基本养老、基本医疗、失业、工伤、生育保险制度等，社会保障覆盖面与支出规模不断扩大，社会保障支出与一般公共预算支出的比由 1990 年的 0.061 上升到 2012 年的 0.226①。市场经济也是法治经济，政府行为的规范与否对市场经济发展至关重要，为此，自 20 世纪 90 年代后期起，我国开展了以规范政府收支行为为主旨的"税费改革"及财政支出管理制度改革，财政行为的规范性大大提高，财政立法逐渐增多，逐渐向法治财政方向迈进。

因此，当 1993 年党的十四届三中全会提出我国改革开放总目标是建立社会主义市场经济体制后，经济发展的实践要求提高财政嵌入经济的程度，这要求一个与以前"建设财政"不同的财政体制改革目标，为此，1998 年我国政府正式提出公共财政概念，2003 年党的十六届三中全会要求健全公共财政体制，2007 年党的十七大提出完善公共财政体系。但该时期财政嵌入社会程度明显较低，如税收未深入家庭，社会参与财政预算程度不足，财政支出对新兴社会组织介入有限，等等。

三、嵌入社会：党的十八届三中全会之后的财政制度运行基础

进入新时期后，国家面临的改革任务更加艰巨，除了经济领域改革存在不少问题外，社会领域也迅速涌现出大量问题，政府亟待通过完善社会治理以提高国家治理能力。为此，2013 年党的第十八届三中全会明确提出，"全面深化改革的总目标是完善和发展中国特色社会主义制度，推进国家治理体系和治理能力现代化"。为配合这一目标的实现，财政改革目标要从公共财政走向现代财政，制度运行基础也要从嵌入经济转向嵌入社会。

---

① 中国财政年鉴 2018. 北京：中国财政杂志社，2019.

2013 年后，我国在财政领域推进了一系列重大改革。典型的有：一是预算制度改革，修订《中华人民共和国预算法》，完善了政府预算体系，扩大预算公开的内容，实施预算绩效管理，一定程度上规范了地方政府债务管理体系；二是税收制度改革，实施了营业税改增值税，个人所得税实行较大范围的综合征收，并改革了增值税、消费税、资源税和环境保护税等税种；三是更加重视民生支出，实行全民医保，加强基本住房保障，支持生态环境建设等；四是实施政府间事权与支出责任划分改革，确立了划分中央与地方事权和支出责任的原则和主要内容，并明确了基本公共服务领域中央与地方共同财政事权和支出责任划分。这些改革可以说仅仅是一个看得见的开始，未来要改革的内容还很多，比如预算公开透明、房地产税的开征、社会保障制度改革、财政法治化建设的推进等，财政在促进经济建设的同时，在化解社会矛盾和社会风险方面有大量工作要做，有的改革不可避免地超出财政领域。

因此，总结而言，我国财政制度建设方向分为三个历史阶段：新中国成立至 1993 年，财政制度作用目标是促进经济增长，财税体制运行特点是实行建设财政，制度运行基础是嵌入企业；1994 年分税制改革至 2012 年，财政制度作用目标是实行协调发展，并特别强调科学发展观，财税体制运行特点是实行公共财政，制度运行基础是嵌入经济；2013 年党的十八届三中全会之后，财政制度作用目标是推进国家治理能力和治理体系现代化，制度运行基础是嵌入社会。中国财政制度的演变逻辑见图 3 - 1。

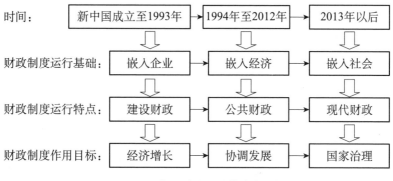

时间：	新中国成立至1993年	→	1994年至2012年	→	2013年以后

图 3-1　中国财政制度的演变逻辑

| 第三节 |

推动国家治理的现代财政制度建设方向

国家治理能力提高同时要体现在经济治理能力和社会治理能力提高上，为此，现代财政制度建设方向可以归结为以下四点。

一、财政预算制度建设：民主预算，透明高效

政府预算不仅是政府的年度财政收支计划，还是财政收支活动接受各级人民代表大会和全体社会成员监督的重要途径。通过对政府预算的编制、审批、执行和决算的参与和监督，可以使政府的收支行为从头到尾置于各级人民代表大会和全体社会成员的关注之下，促使一个"看不见的政

府"变为"看得见的政府"，同时有助于建立包容性政治制度和包容性社会。为此，本章认为财政预算制度建设的方向是民主预算、透明高效。

第一，民主预算。实行民主预算的本质是公民制衡政府的预算权力，体现为限制政府过度的征税权和约束政府的支出权，以充分保障纳税人的权利。按照参与方式的不同，实行民主预算有间接民主预算和直接民主预算两种。间接预算民主是将预算权力转移到各级人民代表大会，其预算权力包括对预算支出的审批权力、修改预算案的权力、对赤字和举债的限制权力等。直接民主预算是吸引公民参与预算过程，使公民享有预算信息的知情权、预算中的公民参与权和监督权等，使得利益相关方能够共同参与决策，共同管理公共事务，有助于形成一个"权利开放的社会秩序"。

要实行民主预算，现阶段要做到两点：一是人大充权；二是扩大参与式预算范围。就人大充权而言，《中华人民共和国预算法》赋予了各级人民代表大会诸多预算权利，如预算审查、批准、调整、监督等权利，这些权利对规范政府收支行为、保障经济社会的健康发展起着重要作用，应该在制度上充实人民代表这些权利，使预算管理常态化和更加深入。就扩大参与式预算范围而言，对公众可参与性较强、与社区居民密切相关、容易达成共识的项目，可以吸引社区居民参与部分公共资金的决策、执行和监督的过程。我国曾对温岭、哈尔滨、无锡等多个城市进行参与式预算的试点工作，为参与式预算的扩围提供了宝贵的经验。应意识到，民主预算制度实际上是"公民学校"，通过公民在民主预算的过程中，学会表达利益，学会平等地与不同群体谈判与妥协，能够实现政府与社会的有效互动，提升公民对政府的信任度，从而提高国家治理能力。

第二，透明高效。提高财政透明度可降低公共政策执行成本，也促进一个开放的政府追求民主和法律，可有效预防腐败、提高公共效率。近年来，我国对预算透明度的提高做出一系列努力，包括政府预算报告编制的不断完善、政府预算报告科目的细化、新的预算收支分类改革的实行、"三公"经费的公开、部门预算的公开等。但是在提高财政预算透明度和促进预算执行高效方面仍有大量工作要做。要实施全面规范的预算公开，除了报账以外，还要让大家更多知道当前采取的是怎样一种支出政策，以增强预算的透明度。

二、财政收入制度建设：法定统一，嵌入家庭

财政收入有税收、使用费（基金）、公债和国有企业利润四大部分，主体是税收收入。本章认为，现代财政收入制度的构建思路应是法定统一、嵌入家庭，具体来说，体现在以下四个方面。

第一，坚持政府收入法定原则。政府筹集收入的过程，就是一个对私有财产权的剥夺过程，因此也是一个容易激发私人部门保护私有财产、从而产生与政府对抗行为的过程。对此，现代政府收入制度至少应落实"税收法定原则"，即征税必须取得纳税人的同意。该原则虽然简单，但是在历史上经过英法美等国资产阶级大革命的几番洗礼才确立，目前已成为各国税制建设要坚持的基本原则。不仅如此，还要考虑到，使用费（体现为各种形式基金）也是借助于公权力向私人部门征集的收入，公债相当于延期的税收，筹集这两种收入也必须坚持法定原则。

第二，坚持税收政策和税收管理统一原则。中国作为一个超大型经济体，只要建立公平透明的市场竞争秩序，自然就会激活各类经济组织的巨大力量。税收作为插入市场的一个"楔子"，如果税收政策或税收管理在

行业之间、地区之间差异较大，就会人为地使得市场竞争赛地不平整，干扰市场在资源配置中的作用，进而产生资源配置的扭曲。现实中，我国地方政府对税收政策（典型如税收返还）和税收管理的影响较大，这势必使得政府与企业之间存在大量的讨价还价行为，也容易激发寻租行为，最终使得市场将资源配置的决定作用让位于政府，导致经济效率的损失。

第三，税收从嵌入企业转到嵌入家庭。目前我国税收制度设计还是以对企业征税为主，直接针对居民或家庭这个社会细胞的税收很少。这种税制设计的问题：一是很难激发纳税人的纳税权利和义务意识，政府与社会难以建立深层互动关系；二是难以应对国际化背景下大量居民收入来自海外的挑战；三是税收集中于企业，增加了企业成本，实际上也妨碍了经济效率的发挥。一般性消费税、个人所得税和房地产税均具有受益税的性质，这些税的特点是税收与政府为居民提供的公共服务密切相关，会激励政府回应居民需求，促使政府职能转变。

第四，税收优惠应体现出它的社会作用。以往我国税收优惠政策大多作用于企业，政策目的以推动经济增长为主。应看到，让税收嵌入社会，会取得多方面成效：有利于税制结构向直接税方向转变；可扩大降低企业税负的空间，有利于促进经济增长；提高政府对社会的掌控能力；使纳税人摆脱间接税制下的"植物人"状态，激发纳税人的权利和义务意识。最终可通过税收这个通道建立政府与社会的良好互动关系，所产生的效果正如熊彼特在《税收国家的危机》中指出的，"税收好像一柄把手，社会力量可以握住它，从而变革社会结构"。

三、财政支出制度建设：社会参与，保护社会

在现代经济中，政府早已不是亚当·斯密时期所强调的有限政府，自

凯恩斯理论兴起后，世界各国政府规模处于迅速膨胀趋势。财政支出规模扩张一方面导致政府深深介入经济和社会各个领域，另一方面也带来公共服务体系臃肿、政府支出效率低下问题。可以预见，随着我国经济发展和经济社会转型，不论是经济性公共支出（如基础设施），还是社会性公共支出（如教育、医疗），都会在一段时间内处于上升趋势。在这种背景下，如何建设我国的财政支出制度呢？本章认为应该是鼓励社会参与公共物品（包括公共服务）的提供，并且更多体现出保护社会的作用。

首先，鼓励社会参与公共物品提供。在现实中，纯公共物品非常少，政府提供的公共物品大量属于俱乐部物品（如教育）和公共池塘资源（如公园），它们在很多情况下可由私人部门提供。在医疗卫生、教育、社会福利和文化体育等事业方面，私人部门有旺盛的投资需求，社会组织有灵活的运营机制。

其次，公共支出和服务要更多地体现出保护社会的作用。社会保障的本意是要保障社会秩序不受到市场经济的剧烈冲击，但是随着时间推移，很多人仅将它理解为财政针对居民的大规模转移性支出。实际上，综合考虑未来我国财力和人口规模的变动，大规模财政转移性支出将会给政府造成沉重的负担，处理不当会引发严重的问题。因此，中国式的社会保障政策要以稳定社会秩序为目标。通过激发社会组织参与公共事务，使社会化生产和管理私有化，同时保证获取这些物品和服务的权利继续存留于公共领域之中。政府与社会组织可建立起良好的合作伙伴关系，既有助于政府机构精简，也有利于社会组织发展，还有利于满足社会公众需求的多元化要求，达到激发社会活力的效果。

四、政府间财政关系建设：寓活力于秩序

在国外文献中，政府间财政关系的处理一般强调财政联邦制原则，该原则强调在事权和税权方面实行较彻底的财政分权，使得地方政府可以自主决策。在我国，理论上一直存在该强调集权还是该强调分权的争论，关于事权、支出责任、财力、税权等如何匹配的问题存在较多争议，在实践中也摸索出"经济上分权、行政上集权"的一套做法，但是这套做法的理论基础、有效性及可持续性一直存在争议。问题的关键所在是政府行政必须有清晰的问责对象，而我国在地方行政中，一直无法有效处理居民问责与上级问责之间的矛盾①。

本章认为，未来处理政府间财政关系，可以既不完全采用财政联邦制理论，也不完全沿用"经济上分权、行政上集权"的长期实践，而是按照"寓活力于秩序"的思路设计政府间财政关系，即：县域单位强调更多分权以激发活力，县域以上单位要强调权力集中以保证秩序。原因在于，在中国这样一个庞大经济社会体中，县级地方政府承载着大量的经济社会职能，通过财政联邦制可激发县域活力，从而提高国家的基层治理能力。寓活力于秩序的思路既能保持县域活力，又能保持上级政府特别是中央政府的控制力。中央政府的控制力加强，反过来使得中央政府可以腾出手来更有效地对全国性公共事务实施管理，从而有效地发挥中央积极性。

政府间财政关系主要涉及事权分配、税权分配、转移支付三方面关系，按照寓活力于秩序的思路，这些关系的调整思路为：

---

① 乔宝云.中央与地方财政关系改革的关键问题.财经智库，2017（1）：51-80.

第一，事权调整，形成哑铃式分权格局。事权分配要向中央政府和县级政府两头集中，中央财政主要承担与宏观调控、维护统一市场、公平收入分配有关的职能，县级财政主要承担县域内公共服务、市场监管、社会管理等职能，省级政府主要行使监察职能和协调区域发展职能。其好处是有利于县级政府自主决策，激发县级政府的积极性和活力。同时，虚化省级政府权力，强化中央政府权力，有利于中央政府对省级政府控制力加强，从而稳定政治经济秩序，有利于中央政府充分发挥其全局性职能。

第二，税权调整，按受益性原则建设地方税系。目前地方政府税收主要来自对流动性税基征税，这对地方政府行为、经济增长方式、公平分配造成一系列不好影响。合理的分税措施是按受益性原则进行税收分享设计，让地方政府能够从完善当地公共服务中获取税收，这样会引导地方政府更多关注辖区居民利益，推动地方政府职能转变。具体税权调整方案可见本书第十章。

第三，转移支付调整方向是扩大分类拨款的范围。目前中国地方政府财力来源结构中，转移支付占比高达45%，这会产生一系列扭曲。原因在于，转移支付分为一般性转移支付和专项转移支付，一般性转移支付有效的前提是地方政府官员行为目标是满足辖区居民的偏好，专项转移支付有效的前提是政府之间信息不对称程度比较轻，在我国，这两个前提均打了很大折扣。为此，建议转移支付应扩大分类拨款的范围，所谓分类拨款，即上级政府指定转移支付的范围，但是不指定其具体用途，譬如说指定资金使用范围是教育，但是不指定资金是用于校舍改造还是学生补贴。分类拨款有利于增强地方政府使用资金的自主性，同时又能保证地方政府不将资金用于范围之外。

图3-2中总结了现代财政制度的设计框架，以及预期可能产生的

效果。

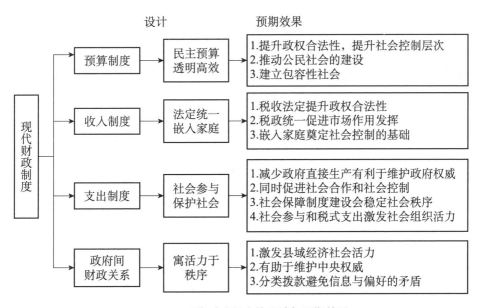

图 3-2 现代财政制度的设计与预期效果

| 第四节 |

结　论

　　作为国家治理基础的财政制度，在推进国家治理现代化中起着举足轻重的作用。传统财政理论主要是基于经济角度的分析，它很难适应"五位一体"的国家治理要求，也就很难实现发展与安全的统筹。为此需要重新思考财政理论基础和职能定位,在此基础上构建现代财政制度。

财政制度本身具有秩序意义。财政既提供公共物品,也是政府与经济、政府与社会、中央与地方的利益协调平台,建立在社会主义民主法治基础上的财政制度建设,通过社会保护、控制和权利开放,对多元社会整合、增进公共秩序具有重要作用。

总体而言,中国财政的建设方向经历了建设财政—公共财政—现代财政的演变,演变的内在逻辑与国家治理目标相匹配,基于此的财政制度依托基础也将经历从企业到整体经济再到整个社会的转变。

在中国现代财政制度的构建中,财政预算制度建设要民主预算、透明高效;财政收入制度建设要法定统一、嵌入家庭;财政支出制度建设要社会参与、保护社会;政府间财政关系建设力争寓活力于秩序。

第四章

政府间财政关系演变逻辑与改革方向：
国家能力视角

央地关系治理的难题与财政的作用

对中国这个大国而言，中央与地方关系的制度构建关系到国家的长治久安，历来是学术界的研究重点。中央与地方关系的两大组成部分是政府间行政关系和政府间财政关系，前者涉及人事权的控制与分配问题，后者涉及财政权的控制与分配问题。由于中国幅员辽阔，政府间存在着很强的信息不对称，客观上要求建立多级政府体制。在此背景下，经济发展、社会治理等各项事业的开展都需要充分调动中央和地方两个积极性，这需要一系列制度设计加以保障，尤其是关于规范政府间财政关系方面的制度设计，通过财政资源的配置调整来发挥政府能力。每一项制度的设计，均会深刻影响中央政府与地方政府的行为，进而传导到市场和社会层面，影响着经济发展、社会治理、政治稳定等诸多方面。

新中国成立以来，政府间财政关系历经多次重大变动，每一次变动均对经济社会产生重大和深远的影响：1950—1979 年，政府间财政关系采用的是统收统支制度，其特点是事权和财权高度集中，地方政府自主性较小；1980—1993 年，政府间财政关系采用的是"分灶吃饭"制度，其特点是中央政府将事权和财权大量下放到地方政府，地方政府具有极大的自主性；1994 年后，政府间财政关系采用的是分税制，其特点是分级分税分预算进行管理，并处于不断动态调整中。我国政府间财政关系的变动原因和影响，吸引了以经济学、政治学、公共管理学为代表的各个社会科学领域的大量研究。

回顾新中国成立以来政府间财政关系改革，它在不少时期充当了整体改革的"先锋"作用。从新中国成立初期恢复国民经济、集中国家财力，到改革开放初期财政包干、激发地方活力，再到 1994 年缓解国家和中央财政困难、适应市场经济体制改革，我国的财政体制不断做出调整，以解决当时国家所面临的财政困境。我国的财税体制改革服从和服务于国家发展和整体改革的需要。然而，值得注意的是，关于政府间财政关系的调整，表面上看是解决国家在特定时期所面临的具体问题，实际上却是国家能力在不同时期调整的着力点。换言之，历次财税体制改革尤其是关于政府间财政关系的调整，都遵循了一个不变的逻辑：提升国家能力。

20 世纪 80 年代以来，国外社会科学界认识到国家在经济发展和社会转型中起到的巨大作用，兴起了一股"找回国家"（bring the state back in）的学术思潮，并将"国家能力"（state capacity）概念带入各社会学科的研究中。什么是国家能力？国内外学者给出很多定义，但总体而言，国家能力就是让国家战略目标转化为现实的能力。政府间财政关系作为国家的一项基础性制度安排，对国家能力有着至关重要的影响，进而决定着国家发展战略目标能否得以顺利实现（见图 4-1）。

既然国家能力要服从国家发展战略目标，那么国家能力在不同历史阶段的体现也就不同，政府间财政关系作为国家能力的支柱也要随之调整。从新中国成立以来的发展历程看，国家发展战略先后经历了重工业优先发

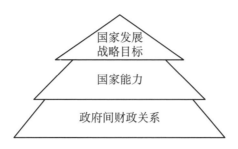

图 4 - 1　政府间财政关系与国家能力的关系

展、以经济发展为中心、科学发展观、建设社会主义现代化强国等调整，而政府间财政关系从统收统支到分灶吃饭，再到分税制的历次改革，实际上也匹配国家治理方向和国家治理能力的变化。

　　不过，目前从国家能力的角度看待中国政府间财政关系的文献还非常少。政治学者较早认识到政府间财政关系与国家能力的联系，如：王沪宁提出用"集分平衡"原则来处理中央与地方的关系[①]；王绍光提出为避免国家能力下降，应设置四个"分权的底线"[②]，但是对财政具体制度的剖析略嫌不足。从政府间财政关系的制度集合看，它对国家能力必然产生重大影响。政府间财政关系的核心是事权、财权和转移支付：事权决定着各级政府的职能范围，影响着不同层级政府提供公共物品和干预市场的能力，最终影响统一市场的建构和市场环境的完善；财权决定着各级政府的经济利益分配，不但影响着政府干预经济的积极性高低，也影响着政府干预经济的手段（如税收返还）；转移支付制度决定着中央政府协调地区发展差距的程度，在均衡区域发展、促进公共服务均等化方面发挥着重要作用。如果政府间财政关系的制度设计不当，有可能会引发政府对经济不当干

---

　　① 王沪宁. 集分平衡：中央与地方的协同关系. 复旦学报（社会科学版），1991（2）：27-36.
　　② 王绍光. 分权的底线. 北京：中国计划出版社，1997.

预、市场分割、财政资金使用低效等问题。

由于政府间财政关系与国家能力联系如此紧密，我认为，中国政府间财政关系从计划经济时期的统收统支制度，到改革开放初期的"分灶吃饭"制度，再到1994年后的分税制，其制度调整无不围绕着一个总目标展开：提升国家能力。如果不抓住国家能力这一核心概念，难以说明中国政府间财政关系演变的逻辑，以及它所产生的影响。国家能力这一尺度，既决定着中国政府间财政关系的演变逻辑，也是判断政府间财政关系的各种制度好坏的一个标准。为此，需要从国家能力这一角度入手，对中国政府间财政关系演变与国家能力匹配进行详细分析。

| 第二节 |

政府间财政关系对国家能力的影响

第二章第一节指出，国家能力体现在两点：一是如何培育经济体的内生发展能力，即通过制度创设和机制设计，使得社会能够自发性地参与到财富创造中，这可称为市场增进能力；二是国家能够集中资源来采取那些具有公共性、规模性和长远性的活动，以实现国家发展目标或稳定公共秩序，这可以称得上是组织动员能力。政府间财政关系对这两大能力均有着很深的影响。政府间财政关系体现着中央政府与地方政府之间的关系，决定着各级政府行为，进而传导到市场和社会上，因此，政府间财政关系会对国家能力产生根本性影响。

一、政府间财政关系对市场增进能力的影响

提升市场增进能力，要通过公共物品提供、法律保护和权利开放三个途径来完成，政府间财政关系会影响到这三个途径。

第一，政府间财政关系对公共物品提供的影响。这种影响表现在三方面：一是政府间事权的划分会影响到不同层级政府的公共物品提供范围，一般来讲，外部性越强的公共物品，越应该由上级政府来提供，反之则应由下级政府提供；二是政府间财政关系的安排会影响到公共物品的提供效率，如果安排不当，比如说让地方政府提供不具有信息优势的公共物品，那么公共物品提供的效率就会降低；三是政府间财政关系的调整还会影响公共物品的提供方式，例如，如果地方政府财政自主性增加，地方政府也许会借助市场化手段（发行地方债、公私合作等）来增加公共物品的供给。

第二，政府间财政关系对法律保护的影响。要发展市场经济，就要对私人产权进行有效保护。但是，如果政府不受约束，总是倾向于扩大自己的财政收入，就会向市场伸出攫取之手。政府间财政关系就是约束地方政府行为的一个重要制度性安排。如果政府间收入划分安排不合理，那么地方政府就很有可能运用它的权力，向市场攫取资源，对市场经济的法律保护程度就会降低。举例来说，我国分税制改革后很长一段时间里，县乡财政出现较大的困难，在正常财政收入不能满足财政需要的情况下，地方大面积出现"乱收费、乱罚款、乱摊派"的"三乱"情况，这是财权分配不

当的一种表现。

第三，政府间财政关系对权利开放的影响。有效的市场经济，一定是权利开放的市场经济。前文指出，权利开放包括中央向地方权利开放，以及政府向社会权利开放两个方面，政府间事权安排会同时影响两者。举例来说，如果教育事权全部上收到中央政府，那么地方政府就没有积极性搞好当地教育。而教育是属于介于私人物品和公共物品之间的混合物品，需要政府与社会联合提供。如果地方政府没有积极性搞好当地教育，那么也就无法激发社会参与教育事业建设的积极性。再举一例，如果地方税为受益性税种（如房地产税）（这种税的特点一是纳税人的纳税感受直接，二是税基与公共服务密切挂钩），就会促使居民对政府提出更高的要求，如预算透明、纳税人权利保护、政府要回应居民公共服务需求等，也就促使地方政府向社会开放权利。

二、政府间财政关系对组织动员能力的影响

第一，政府间财政关系对社会控制的影响。作为一个大国，我国的社会控制更多地体现为对基层社会的控制，而完成对基层社会的控制不可避免地需要地方政府积极参与，政府间财政关系形式会影响到地方政府对基层社会的控制意愿与控制能力。政治学者米格代尔认为，社会控制包括服从、参与、合法性三个层级①，地方政府的行为对这三个层级都有影响。举例来说，如果将房地产税与个人所得税作为地方税，那么地方政府就会掌握辖区内当地居民的财产与收入信息，进而也就掌握当地居民的行为信

---

① 米格代尔. 社会中的国家：国家与社会如何相互改变与相互构成. 李杨，郭一聪，译. 南京：江苏人民出版社，2013.

息。对自然人征收的直接税，实际上是政府与社会互动的一个良好媒介，在政府与社会的互动过程中，会促进地方政府治理水平的提高。

第二，政府间财政关系对宏观调控的影响。宏观调控是中央政府的职能，但是地方政府的行为会对宏观调控的效果产生重要影响。当政府间财政关系的一些制度设置不合理时候，地方政府就有可能在宏观调控问题上与中央政府"拧两股劲"。举例来说，我国 1994 年实行分税制后很长一段时间里，房地产市场的发展对地方政府财政收入至关重要。我国中央政府几次在全国性房地产市场过热、房地产投机旺盛的时候，采取种种措施进行房地产调控。但是这与一些地方政府的利益相悖，不少地方政府出台各种形式的中央调控政策对冲措施，以鼓励当地房地产投资。

第三，政府间财政关系对政治集权的影响。这几乎是无须证明的命题，中央政府集中更多的人事权、税权和事权，无疑会增强中央政府的权威。这是在中国漫长的历史中反复被证明的事实。我国改革开放以来的政府间财政关系调整更清楚地显示这一点：在分税制改革之前，我国的财税体制采用"分灶吃饭"的办法，地方拥有的财政自主权比较大，中央财政收入占全国财政收入的比重一路下滑，最低年份仅为 22%，中央政府的权威也就随着下降。分税制改革之后，中央政府拥有主体税种的征管权和收益权，中央财政收入占全国财政收入的比重迅速上升到 55%，中央的权威也就随之树立起来。

第四，政府间财政关系对财政收入汲取的影响。汲取财政收入需要调动各级政府的积极性才能完成，以税收为例，如果税收征管成本很高，或者地方政府从税收中得到的收入很少，那么地方政府征税的积极性就会降低，国家财政收入就会受到影响。同样，如果中央政府的控制力减弱和财政高度分权，地方政府就会利用自身的信息优势来争取有利的利益分配结果，诱发财政机会主义倾向，例如政企合谋、隐匿收入等，从而导致国家财政收入汲取能力的下降。

当政府间财政关系中事权和税权更多向中央集中时，政府间财政关系会更多体现为集权特点，反之更多体现为分权特点。通过以上分析，可以看出政府间财政关系对国家能力的影响是多个渠道的，其对国家能力的影响机制可见表4-1。

表4-1 政府间财政关系对国家能力的影响

特点	市场增进能力	组织动员能力
集权	利：推动统一市场建设 弊：抑制地方政府积极性	利：增强中央权威和宏观调控能力 弊：形成僵化秩序
分权	利：地方政府积极性提升 弊：容易导致市场分割	利：地方政府的辖区资源配置能力提高 弊：加剧地方政府间无序竞争和不平衡

第三节

政府间财政关系演进与国家能力的提升

政府间财政关系要有利于提升国家能力，国家能力要匹配国家发展的战略目标变化，这决定着政府间财政关系的发展方向和改革逻辑。

一、统收统支：以国家强大的组织动员能力推动工业化

新中国成立后，模仿苏联建立了计划经济体制，所确定的国家发展战略目标是重工业优先①，但当时我国客观条件是一个贫穷落后的农业国，资金分散，剩余少。为实现国家发展战略目标，我国建立了以统收统支、高度集中为特点的政府间财政关系，其内涵是：地方政府的财政收入全部上缴，支出由中央政府统一拨付；国有企业的利润全部上缴，财务开支由财政部统一规定，亏损由财政部门进行补贴；行政事业单位的经费由财政部统一拨核。

从国家能力的角度来看，在新中国成立初期百废待兴、财力薄弱的历史背景下，客观上需要动员一切可以动员的力量推动经济恢复和发展，并推动国民经济的工业化建设。因此，政府间财政关系的调整就围绕着国家组织动员能力的提升而展开，同时又要照顾好地方政府的积极性。在统收统支的财政体制下，财权高度集中于中央政府，地方政府的积极性和机动性受到了不同程度的压制。为此，中央政府两次进行向地方大规模放权试验，并以财政放权为主。第一次放权是1957—1958年，中央政府向地方下放了更多的财权，将过去"以支定收"的财政管理办法改为"以收定支"，地方政府可以参与中央企业收入分成，同时下放计划管理权和企业管理权。第二次放权是1966—1976年，地方再次获得了规定地方税具体征收办法的权力，地方财政收入和支出的比例都得到很大增加，中央各部委大部分直属事业单位也下放给地方管理。

---

① 林毅夫，蔡昉，李周. 中国的奇迹：发展战略与经济改革. 上海：上海人民出版社，1999.

值得注意的是，在计划经济时代，央地关系权力调整的特点是，无论是集权还是放权，都只是政府间权力调整，而没有影响到微观经济主体。在计划经济体制下，企业以国营企业为主，城市职工在国有部门工作，农民隶属于人民公社，微观经济主体活力处于被高度压抑状态，因此，即使是中央放权，也无法有效地调动微观经济主体的积极性。而地方政府和国营企业在预算软约束情况下，一旦放权，就会争相扩大投资规模，很容易出现投资过热局面，为此中央又进行收权，而收权的结果是经济停滞，于是又要进行放权，计划经济时代央地关系就处于"一收就死，一死就放，一放就乱，一乱就收"的循环中。造成这一现象的原因在于，计划经济体制具有高度的计划性和指导性，客观上不需要市场发挥作用。相对于组织动员能力而言，市场增进能力处于缺位状态。单纯依靠组织动员能力，会因信息不对称、激励不兼容、决策有限理性等因素导致决策失误在科层体系内部的扩大化，放大了资源错配的消极影响；同时，由于缺乏以价格信号为基础的市场调节机制，使得生产要素无法配置到边际报酬最高的领域，进一步导致资源配置低效率。也是因为如此，改革开放伊始，提高市场增进能力的诉求成为政府间财政关系调整的主导性考量。

总结而言，在计划经济时代，高度集中的中国政府间财政关系有力地强化了中央政府的组织动员能力，它使得国家能够集中财力实现重工业优先发展战略目标，但是这种体制也极大地抑制了地方政府积极性。当中央政府试图通过财政放权调动地方积极性时，由于市场缺失，地方政府组织动员能力增强又会导致经济秩序紊乱。因此，计划经济时代政府间财政关系突出强调了中央政府的组织动员能力，由于市场的缺失，财政体制对市场增进能力没有产生作用。

二、"分灶吃饭"：地方市场增进能力提高，中央控制能力下降

从新中国成立到改革开放前，我国已经完成了四次"五年计划"，经济发展已经具备了初步的工业化基础和较为完备的国民经济体系。但是由于计划经济体制的局限性，经济效率低下，地方政府、企业和居民个人的积极性不高。改革开放后，国家发展的目标是"以经济建设为中心"，要发展经济就需要调动地方积极性。从国家能力的角度看，国家的组织动员能力已经充分发挥了作用，客观上需要培育市场增进能力来提高经济效率。在此背景下，"分灶吃饭"式的财政管理体制应运而生。为此，在1980—1993年，我国政府间财政关系实施了以财政包干制为核心形式、以"分灶吃饭"为主要特征的财政管理体制。"分灶吃饭"体制与统收统支体制最大的区别在于，通过下放财权和经济管理权等方式让地方政府成为自负盈亏的财政实体，提高地方财政自主性，强化地方政府对辖区事务的责任制。"分灶吃饭"制度改革分为三个时期：1980—1984年的"划分收支、分级包干"体制；1985—1987年的"划分税种、核定收支、分级包干"体制；1988—1993年的"多种形式财政包干"体制。

"分灶吃饭"制度是国家财政管理体制的一次重大改革。它从中央1个灶变为地方20多个灶，打破了统收统支体制下吃"大锅饭"的局面，在收支结构、财权划分和财力分配等方面，都发生了很大变化。它通过政府间财政收入划分稳定了地方政府预算，提高了地方政府增收节支的积极性。

"分灶吃饭"对国家能力发挥的积极意义在于，它在制度设计上激励地方政府利用各自的组织动员能力，积极参与当地市场创造，推动辖区经

济增长。之所以如此，是因为改革要释放经济的活力，核心是两点：调动企业的积极性，调动地方政府的积极性。在 20 世纪 80 年代，市场机制还刚开始发育，市场条件还不具足，同时，各地政府还保留着强大的辖区资源配置能力，需要地方政府积极为当地市场创造条件，包括实行区域性税收优惠政策、对确定的产业实施财政补贴、建立经济开发区等。由此，发挥政府积极性与发挥企业积极性之间有着密切关联：地方政府有了积极性，就会积极寻求措施释放当地企业的积极性，最终带动经济增长。具体而言，"分灶吃饭"制度通过向地方政府大幅度下放税权，实质上提高了地方政府的税收分享占比，激发了地方政府发展经济的积极性；同时，"分灶吃饭"改革通过寻求权责利统一和事权与财权统一，提高地方财政收支自主权，还调动了地方政府增收节支的积极性。在这两方面的影响下，地方政府会充分调动已有的辖区资源配置能力，通过创造局部条件等方式激发企业从事生产经营等活动的积极性，并注重提高财政资金的使用效率。

然而，"分灶吃饭"制度也对国家能力产生了一定的削弱作用，即在提高市场增进能力的同时，削弱了国家的组织动员能力。一是两个比重严重下滑（见图 4-2）。中央财政收入占全国财政收入的比重下滑，到 1993 年仅为 22%，该比重反映中央政府对全国财力的控制程度，间接反映着中央政府的权威程度；全国财政收入占 GDP 比重下滑，到 1993 年仅为 12.3%，它既反映着宏观税负的高低，也反映着国家财政收入的汲取能力。两个比重持续下滑，使得国家整体上财政组织动员能力下降，以及中央对地方控制能力下降。二是地方政府保护主义造成严重的市场分割。财政包干体制按企业隶属关系划分企业所得税，把工商企业税收同地方政府

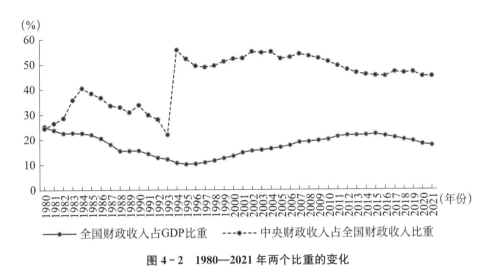

图 4-2　1980—2021 年两个比重的变化

资料来源：中国财政年鉴 2020. 北京：中国财政杂志社，2021.

财政收入紧紧地联系起来，这激发了严重的地方保护主义。地方政府从经济利益出发，竞相发展本地区税多利高的项目，保护本地产品销售，限制原材料流出，严重妨碍国家统一市场的形成。

三、分税制：市场增进能力与组织动员能力并进

（一）国家发展目标调整与分税制改革内容

1993 年 11 月党的十四届三中全会召开，明确了建立社会主义市场经济体制的基本任务和要求，勾画了总体规划和基本框架。2003 年后，国家发展目标由经济扩展到社会，强调"促进经济社会和人的全面发展"的科学发展观。而"分灶吃饭"制度强化地方局部利益，造成严重的市场分割局面，明显违背社会主义市场经济体制的目标，已到了非改不可的地步。为此，我国在 1994 年对政府间财政关系又进行了一次根本性调整，那就是实行分税制。从 1978 年改革开放到 1993 年为止，尽管国家的市场增进

能力已经得到了初步发挥，但距离建立与经济发展水平相适应的社会主义市场经济体制还存在一定差距；同时，"分灶吃饭"制度在培育市场增进能力的同时，也在一定程度上削弱了国家的组织动员能力。因此，从国家能力角度看，分税制改革的目标就在同时增进市场增进能力与组织动员能力的基础上，寻求二者间的平衡发展。

所谓分税制，是指在合理划分各级政府事权范围的基础上，主要按税收来划分各级政府的预算收入，各级预算相对独立，负有明确的平衡责任，中央政府通过转移支付制度来调节地区间差距。分税制将营业税、企业所得税、个人所得税作为地方税，消费税和关税作为中央税，增值税作为共享税，并调整了中央和地方事权和支出责任划分。分税制与财政包干制相比，最大的区别是前者按税种属性划分各级政府税收收入，后者按所有制、企业隶属关系划分税收收入。前者会鼓励地方政府改善市场条件，吸引"到我这里投资"的企业；后者会鼓励地方政府办"属于自己"的企业。因此，分税制淡化了政府与企业之间的联系，有利于商品和要素的自由流动。

在1994年分税制改革的时候，为了顺利推动改革实施，中央政府尽可能地不打破当时利益格局，实际上是对地方政府做了一些让步。分税制改革后，随着中央政府权威的加强，以及社会主义市场经济体制的逐步建立，中央政府逐渐对政府间财政关系做出了一系列调整。在税权划分上，2002年将企业所得税和个人所得税由地方税变成共享税，2012年开始实行营业税改征增值税，直到最终取消营业税，同时调整增值税分享比例，这样，分税制一定意义上变成了"分成制"。在事权划分上，推动各级政府事权规范化和法律化，明确各级政府、各领域的事权与支出责任范围，并在近年有改革加快趋势。同时从 1998 年开始，不断进行职能部门垂直管理的改革，所涉及的部门包括人民银行、工商管理、统计、环保、税务等（见表 4 - 2）。在转移支付上，逐渐扩大转移支付规模，完善转移支付结构，到 2017 年，中央财政对地方税收返还和转移支付 65 218 亿元，占中央财政支出的 68.6%。在省以下财政管理体制上，2002 年后我国陆续实行"省直管县"财政改革，通过减少预算级次来提高财政资金使用效率。

表 4 - 2　我国职能部门垂直管理的变化

时间	涉及部门	内容
1998 年	人民银行	撤销省级分行，设立 9 家大区制分行
1998 年	银监、证监、保监	中央以下垂直管理
1998 年	工商	省以下垂直管理
2000 年	质监局、药监局	省以下垂直管理
2004 年	统计局	国家统计局各直属调查队改制为派出机构
2004 年	土地局	中央对省级土地部门的土地审批权和人事权实行垂直管理
2005 年	安监局和煤监局	国家安监总局下面的国家煤监局实行垂直管理，但安监局仍然属于属地化管理
2016 年	环保局	对省以下环保机构监测监察执法实行垂直管理
2018 年	国税局和地税局	国税局和地税局合并，实行双重领导，以垂直管理为主

（二）分税制对国家能力的积极意义

分税制改革扭转了"分灶吃饭"制度下中央权威下降、地方竞争失序的问题，它的历史意义是巨大的，可以说实现了市场增进能力与组织动员能力的并进。

分税制对组织动员能力的影响是：增强国家财力、增强中央宏观调控能力、增强中央对地方控制力。分税制改革以来，较强的税收激励、税收征管技术进步结合在一起，促使税务部门的征税能力和税收努力不断提高，加上间接税存在的不少重复征税机制，一起带动税收连年高速增长。分税制改革彻底扭转了中央财政收入占全国财政收入比重不断下滑的局面，中央财政收入占全国财政收入的比重一直维持在45%～55%的区间，中央政府牢牢地将政府间财政收入分配主动权掌握在自己手中。而中央政府财力的增强，又使得中央政府宏观调控能力得以有效发挥：一是有效应对经济冲击，1998年和2008年两次金融危机，给中国经济造成严峻挑战，为此中国实施两次积极财政政策，有效地化解了外部冲击；二是协调区域发展，伴随着经济高速增长，地区间差距也逐渐扩大，此时中央政府通过大规模转移支付，对这种差距扩大起到了很好的抑制作用。同时，通过重要部门的垂直管理改革，增强了中央政府对省以下各个行政部门控制力度。

分税制对市场增进能力的积极影响是，它既促进了统一市场建设，也激励了地方政府推进当地市场建设。中央政府与地方政府在增进市场功能上的角色定位是不一样的，中央政府着力于统一市场的建设，而地方政府着力于推动辖区内市场功能的发挥。但后者又往往产生破坏统一市场的结果，此时制度的合理设计就非常重要，要能兼顾两者的积极性发挥，并能抑制负面影响，分税制在一定程度上做到了这一点。相比"分灶吃饭"体制，分税制通过分开中央和地方的税收收入和税收管理，将增值税和企业所得税这样针对流动性税基的征税权和税收收入逐渐收回中央政府手中，强化了中央统一领导，与"分灶吃饭"制度相比，大大促进了统一市场的建设。

同时，分税制改革，并未以丧失地方积极性为代价，它给了地方政府推动经济发展的杠杆。分税制改革后，地方政府主要收入来源为营业税、企业所得税和增值税的分成收入，这三种税的税基有着密切关联。企业所得税和增值税的税基来自企业的利润和增加值，按税收性质划分，分别属于所得税和商品税，它们的税基属于流动性税基，税收集中在工业部门。营业税的税基分为两部分：一部分是服务业，服务业分为生产性服务业（如交通运输业）和消费性服务业（如餐饮业）。另一部分是建筑业和房地产业，在分税制运行期间，这两个行业所缴纳的营业税约占营业税总收入的一半。生产性服务业发展与工业生产扩张有关，消费性服务业发展与人口聚集有关，建筑业和房地产业发展与住宅和厂房建设需要增长有关，因此，分税制的设计，有利于调动地方政府发展经济的积极性，成为中国经济的巨大推力（见图4-3）。

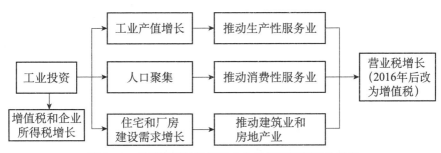

图4-3 分税制设计触发地方发展经济积极性的机制

根据本节的分析，政府间财政关系与国家发展战略、国家能力的对应关系见表4-3。

表4-3 政府间财政关系与国家发展战略、国家能力的对应关系

发展阶段	国家发展战略目标	政府作用	国家能力展现	
			市场增进能力	组织动员能力
统收统支	重工业发展	中央政府	无	以中央政府组织动员能力推动重工业优先发展战略
		地方政府	无	两次放权导致经济秩序紊乱

续前表

发展阶段	国家发展战略目标	政府作用	国家能力展现	
			市场增进能力	组织动员能力
"分灶吃饭"	经济增长	中央政府	中央政府宏观调控作用未充分发挥，市场分割严重	中央政府控制能力下降
		地方政府	地方政府参加地区"市场创造"，积极推动局部市场发展	地方政府控制动员辖区资源能力上升
分税制前期	经济社会协调发展	中央政府	推动统一市场建设	两个比重上升，宏观调控能力增强
		地方政府	激发地方政府市场创造能力	事权下放增强地方政府组织动员能力
十八大之后	建设社会主义现代化强国	中央政府	进一步推动统一市场建设	通过事权和转移支付改革，进一步提高组织能力
		地方政府	简政放权让位于市场	通过地方税和事权改革，推动辖区公共治理

第四节

政府间财政关系的改革方向

一、现行政府间财政关系存在的问题及对国家能力的影响

现行政府间财政关系基本框架奠定自 1994 年的分税制改革，与"分灶吃饭"制度相比，它的确同时增进了国家组织动员能力与市场增进能

力，但是，分税制本身带有很强的临时性特点，尚没有形成一个十分稳定的、充分合理的中央与地方财政关系框架。而我国自党的十八大以来，围绕"五位一体"总体布局，全面推进国家治理体系和治理能力现代化，并特别强调"财政是国家治理的基础和重要支柱"，这意味着离开了财政和财税体制的全新定位，也就谈不上国家治理，更谈不上国家治理现代化。与改革的总目标相比，现行政府间财政关系仍有不少缺陷，这在事权划分和财权划分设计上均有体现。

如表4-4所示，就政府间财政关系的事权和财权划分而言，其仍存在着一些不足，这影响了国家能力的发挥。就事权划分而言，同时存在着事权缺位和事权越位两种现象。前者表现为事权的错位下移，上级政府没能承担应该承担的职责，出现卸责行为，不能很好地纠正下级政府所产生的负外部性行为，例如食品和环境监管；后者表现为事权的过度下放，导致地方政府承担了不该承担的责任，造成地方政府滥用事权而干预市场资源配置。就财权划分而言，一方面，现有税制体系下形成的生产性税基易于激发地区之间的恶性竞争，这不利于统一市场的建设；另一方面，财政预算软约束问题激发了地方政府财政扩张行为，导致地方隐性债务上升，积累了经济风险。就转移支付制度而言，转移支付资金的均衡性功能未得到有效发挥。一方面，一般性资金由于当前地方政府偏好生产性支出而非民生性支出，带来了资金配置扭曲；另一方面，专项性资金由于存在着上下级政府信息传递链条过长、信息不对称突出等问题，造成整体资金配置的扭曲。这些问题的存在，对国家组织动员能力和市场增进能力均产生不利影响。

表 4-4　政府间财政关系存在的问题、对国家能力的影响及其未来改革方向

政府间财政关系构成	存在问题	对国家能力的影响	改革方向
事权划分	事权缺位，政府卸责	不能很好地纠正市场负外部性行为	按分权与制衡原则，事权分配要向中央政府和县级政府两头集中
	事权越位，干预市场	事权滥用干预市场资源配置	
财权划分	生产性税基激发地区之间的恶性竞争	破坏统一市场建设	按受益性原则，确定地方税的税基为消费性税基
	预算软约束导致地方隐性债务上升	经济风险积累	

（一）事权划分的问题

2020 年财政公共预算支出结构中，中央政府与地方政府支出的相对比是 14.3∶85.7，这反映出大量公共事务是由地方承担的。如图 4-4 所示，1994 年分税制改革以后，地方财政支出比重整体上处于上升趋势。受传统计划经济体制的影响，我国各级政府职能的配置缺乏清晰分工的理念，政府间关系呈现出"机关化"特征[①]，导致在政府间事权划分中，存在着中央和地方职责重叠、省以下财政事权和支出责任划分不规范、交叉重叠事项多等问题[②]。按照财政分权理论，地方政府事权要与其受益范围相对应，如果地方政府活动会使得其他地方受益或受损，那么这项活动就具有了外部性，具有外部性的活动应由上级政府负责。现实中，地方政府承担的职

---

① 楼继伟指出，在传统的计划经济体制中，上级政府习惯上通过定政策、定标准、下文件等行政命令的方式管控下级政府，以约束下级政府按照上级偏好履行事权，而不关注事务的性质属于中央职责还是地方职责。这导致在同一项事务中多级政府均不同程度地参与，造成责任主体不明确，执行效率不高，由此形成的体制惯性影响延续至今。（楼继伟. 深化事权与支出责任改革 推进国家治理体系和治理能力现代化. 财政研究，2018（1）：2-9.）

② 参见《国务院关于推进中央与地方财政事权和支出责任划分改革的指导意见》（国发〔2016〕49 号）。

责不少具有强烈的外部性，这催生了地方政府职能行使中的缺位和越位现象。

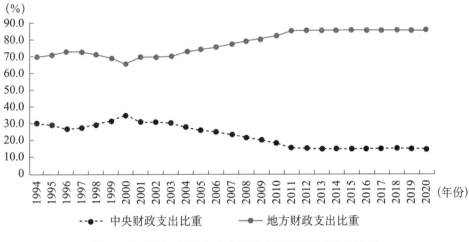

图 4-4 1994—2020 年中央和地方财政支出的比重变化

资料来源：中国财政年鉴 2020. 北京：中国财政杂志社，2021.

一是缺位现象。分税制中存在不少基本事权下移现象，县级政府在义务教育、区域内基础设施建设、社会治安、环境保护、食品监管等方面都负有一定职责，这些公共物品或公共服务不少是超出辖区范围的，这就导致地方政府在行使这些职能时缺少动力，进而存在缺位现象。如放松环境监管和食品监管以保护辖区经济利益等。另外，诸如社会保险管理等本应由中央政府直接管理的事务，在实际中却由地方政府负责具体管理和执行，导致社保制度高度碎片化，影响了社保制度的公平性和可持续性，这表明存在着中央政府的事权缺位。二是越位现象。一些本该由上级政府拥有的事权交给下级政府，实际上是扩大了下级政府权力，下级政府可以利用这些权力干扰市场经济的运行，这样会最大限度维护辖区利益，由此产生政府职能行使中的越位现象。如插手市场经营土地、人为推动古城再造计划、层层下达招商引资计划、直接参与商务谈判等。

市场的良好运行，一方面有赖于公平竞争环境的维护，另一方面有赖于对破坏市场信任行为的纠正。地方政府职能越位会造成对统一市场的破坏，而职能缺位会导致无法纠正破坏市场信任的行为，也就是说，事权划分不合理，会从全局上降低市场增进能力。

(二) 财权划分的问题

分税制设计之初，是按分税原则划分中央与地方政府的财政收入范围，但是随着时间推移，地方税主要来源转向以增值税和所得税为代表的主体税种分成收入，分税制演变成分成制。当前地方政府财政收入存在的突出问题有两点：一是地方政府税收主要来自生产性税基，二是地方政府预算软约束问题严重。

第一，生产性税基的负面影响。营改增后，地方政府税收收入主要构成是增值税和企业所得税分成，这两种税的税基均是生产性的，即税收来自企业产出扩大。如图 4-5 所示，分税制改革以后，增值税和企业所得税分成收入占到地方税收收入的比重一直保持在 30% 以上，2017 年甚至达到 58.11%。生产性税基归为地方政府，会激励地方政府通过税收返还、低价工业土地出让、财政补贴等形式，吸引工业企业投资。从局部看，它的确发挥了地方政府的市场增进能力，但是从全局看，却扭曲了资源配置，破坏了统一市场的建设。此外，与零售税、房地产税等以消费性税基和财产性税基为基础的受益税种相比，以生产性税基为基础的增值税和企业所得税与地方政府提供的公共服务联系较弱，对激发地方政府提供公共服务的激励性不如受益税更为直接。

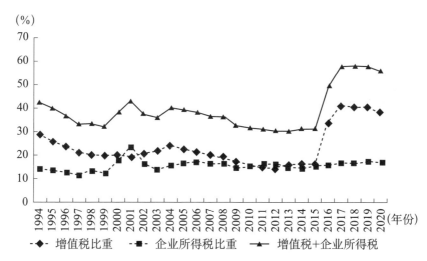

图 4 - 5　1994—2020 年增值税和企业所得税分成收入占地方税收收入的比重

资料来源：中国财政年鉴 2020. 北京：中国财政杂志社，2021.

　　第二，地方财政软预算约束问题。在我国现行体制下，下级政府有些类似上级政府的分支机构，这容易导致地方的财政软预算约束问题。以地方债为例，2008 年后，我国地方债的规模迅速膨胀，在中央三令五申严格控制地方债的情况下，很多地方仍然不遗余力地在扩大地方债务。与税收相比，债券还本付息带来的负担可由未来政府承担，债券融资可支撑当期建设，也就是说，发行地方债的好处和负担在时间上是错位的，如果地方政府重视当期利益，它会有动力通过各种形式的地方债融资，将风险转嫁给下一任政府或中央政府。我国地方政府具有强大的辖区资源调动和配置能力，当这种能力不被限制时，它可能在财政软预算约束的背景下，通过调动辖区内国有企业、商业银行、土地等资源，导致地方债规模扩张，从而累积经济风险。

二、匹配国家能力的现行政府间财政关系的改革方向

政府间财政关系的改革方向要指向提高国家能力，这对中央政府和地方政府的要求是不一样的。对中央政府而言：一是要通过事权和转移支付制度改革，进一步提高组织动员能力；二是通过税权分配改革，推动统一市场建设。对地方政府而言：一是要简政放权让位于市场；二是通过地方税和事权改革，将地方政府的组织动员能力的发挥方向由刺激当地经济增长转变到推动辖区公共服务和公共治理上。

（一）事权分配改革方向

事权分配是关系到政府行政效率和政治结构稳定的大问题，不少发达国家或在《宪法》上，或通过中央立法，来明确各级政府的职责。其核心为两点：一是分权，财政事权分散在各级政府行使，有条件的话尽可能放在低层级政府行使[①]；二是制衡，中央政府必须能够制约地方政府的财政行为。因此，事权分配的大方向是在分权基础上的制衡，这样从经济角度看有利于激发地方积极性、保护统一市场和促进地区间公平，从政治角度看有利于政治稳定和国家能力建设。

为体现分权与制衡两大原则，事权分配要向中央政府和县级政府两头集中。中央财政主要承担与宏观调控、维护统一市场、公平收入分配有关的职能；县级财政主要承担县域内公共服务、市场监管、社会管理等职

---

① 根据现代国家的通行做法和经济学理论分析，政府间事权划分一般遵循外部性、信息复杂性和激励相容三个原则。外部性原则要求，公共物品的提供应该由获得提供收益和能够将成本内部化的最小地理区域的辖区来进行，也就是说只要不产生公共物品供给的成本—收益不匹配，供给责任就应该尽可能下放到最低层级的辖区；信息复杂性原则要求信息处理复杂程度越高的事务，越适合由具有信息优势、更贴近基层民众的地方政府来管理；激励相容原则要求地方政府的职能履行方向与全局利益最大化保持一致，即有效调动地方积极性。可见，事权下放，由地方政府承担更多的财政支出责任具有一定的国际经验基础和经济学理论支撑。（楼继伟．中国政府间财政关系再思考．北京：中国财政经济出版社，2013.）

能；省级政府主要行使监察职能①。其好处是有利于县级政府自主决策，激发县级政府的积极性和活力。同时，虚化省级政府权力，强化中央政府权力，有利于中央政府对省级政府控制力加强，从而稳定政治经济秩序，有利于中央政府充分发挥其全局性职能。同时，要积极推动事权划分的规范化和法律化：一方面，对于事权划分原则给予宪法层面的确认，即在宪法中对中央事权、地方事权、共同事权等方面做出原则性规定；另一方面，要由国务院尽早出台"政府间财政事权分配条例"，详细说明教育、科技、社会保障等事权中决策权、支出权和监督权的归属，以稳定各级政府的预期，避免随机调整事权，并积极推动事权划分的实体化，改组或设置专门的组织机构和人员队伍负责具体事务的执行②。

（二）税权分配的改革方向

中央税要体现的作用是，它有助于推动统一市场建设。我国增值税和企业所得税是两大主体税种，它们对应的税基分别是商品和资本要素③，如果各地税率不一致，就会对商品和要素的自由流动产生干扰，因此这两种税应全额作为中央税。

---

① 省作为我国最主要的地方行政单位最早起源于元代设置的行中书省，是属于中央政府的派出机构。但从历史上看，由省级政府行使监察职能有迹可循，并非首创。在古代中国的实际政治运行中，由于多级政府间信息传递链条太长，中央政府无法完全掌控县级等基层政府，因而不得不委托次高级的政府层级来实施间接管理。例如，西汉时为了加强中央对地方的控制，全国设置的十三部（州）监察区，协助中央监察郡县，并派遣刺史掌管各部。到东汉时，州部演变为行政区划单位，其长官也由作为监察官的刺史转变为掌管一方军民行政的州牧。唐代根据监察需要设立了道，以协助中央监察所属州县，但到后期也被地方军政长官节度使等掌控。明代废除行省制度，改省一级由承宣布政使司、提刑按察使司、都指挥使司分管，其中提刑按察使司就是负责司法监察。（韦庆远，王德宝．中国政治制度史．北京：高等教育出版社，1992.）

② 楼继伟．深化事权与支出责任改革 推进国家治理体系和治理能力现代化．财政研究，2018（1）：2-9.

③ 增值税和企业所得税都是针对企业征收，并且在税源分布上均具有不均匀性。如前所述，这就决定了在生产要素能自由流动的前提下，地方政府将通过税收返还、低价工业土地出让、财政补贴等形式展开竞争，干扰区域间的资源有效配置。

地方税要体现的作用是，它有助于"合理"发挥地方积极性。我国广土众民，各项事业建设都需要激发地方政府的积极性，关键是要激发地方政府什么样的积极性：从发展生产角度看，把生产性税基赋予地方政府，最有利于激发地方政府的发展经济积极性；从发展民生的角度看，把消费性税基和财产性税基赋予地方政府①，最有利于激发地方政府提供公共服务的积极性。过去我国注重发挥地方政府发展生产积极性，它一方面推动了经济增长，但另一方面也带来市场分割、忽视公共服务提供等问题。未来应重视发挥地方政府提供公共服务的积极性，为此，应增加地方税税基中体现消费性税基的成分，例如，开征零售税作为地方税，或者让部分增值税按消费地原则进行地区间分配。

第五节
结　论

政府间财政关系既是中央与地方关系的枢纽，也是经济与政治关系的

---

①　消费性税基对应的典型税种为一般性消费税（例如零售税）。该税种以消费环节的商品或服务为征税对象，税基主要来自当地居民消费，而居民的消费行为又与地方政府提供的公共服务密切相关。财产性税基对应的典型税种为房地产税。由于作为税基的房地产不可流动，房地产税主要取决于房地产的评估价值，后者同样与当地的公共服务提供密切相关。因此，零售税或房地产税都属于受益税，税基分布相对均匀，并且都受地方政府提供公共服务的影响较大，这反过来会影响地方政府对公共服务的供给行为。建立地方政府的消费性税基并不一定意味着开征零售税，也可以通过把税收分享原则由生产性原则向消费地原则转变来实现。就房地产税而言，考虑到中国国情，我倾向将之作为中央税，在第十章将对其展开详细分析。

枢纽，它对国家治理体系建设具有至关重要的作用，需要从全局意义上剖析中国政府间财政关系演变逻辑，为此，本章基于国家能力的视角对其进行研究。主要结论有：

第一，从理论上看，政府间财政关系对国家能力具有重要影响。一是它影响市场增进能力，事权和财权的集中有利于推动统一市场的建设，但是却以抑制地方政府积极性为代价；事权和财权的下放有助发挥地方政府积极性，但是却可能导致市场分割局面。二是它影响国家的组织动员能力，事权和财权的集中有利于增强中央政府宏观调控能力，但是却可能形成僵化秩序；事权和财权的下放强化了地方政府的组织动员能力，而对中央政府能力造成削弱。

第二，中国政府间财政关系从统收统支、"分灶吃饭"再到分税制，其演进始终围绕一个逻辑主线——提升国家能力。统收统支制度是为实现重工业优先发展战略，充分发挥中央政府的组织动员能力；"分灶吃饭"制度通过放权，使得地方政府能够运用辖区组织动员能力来创造市场；分税制则有效提高中央政府的组织动员能力，同时中央与地方合理分工，相对有效地推动市场发展。

第三，为匹配国家治理体系和治理能力现代化，现行政府间财政关系仍需做进一步改革。在财权划分上，要克服生产性税基分享问题与地方财政预算软约束问题，将地方税的税基导向消费性税基，并扩大税源；在事权划分上，要解决事权划分不当导致的地方职能缺位与越位问题，按分权与制衡相结合原则，事权分配向中央政府和县级政府两头集中。

第五章

发挥两个积极性的财政
体制作用与改革

两个积极性的内涵

中国作为一个大国，地理辽阔、人口众多、地区差异大，这使得不同层级的政府之间存在严重的信息不对称。因此，中央政府要想实现经济的良性发展和社会的有效治理，就必须激励地方政府参与到国家治理当中。1956 年毛泽东在《论十大关系》中就提出："我们的国家这样大，人口这样多，情况这样复杂，有中央和地方两个积极性，比只有一个积极性好得多……处理好中央和地方的关系，这对于我们这样的大国大党是一个十分重要的问题。"① 从此，发挥"两个积极性"成为我国处理中央与地方关系的基调。

财政作为国家治理的基础和重要支柱，对各级政府行为具有重要影响。2013 年党的十八届三中全会提出"建立现代财政制度，发挥中央和地方两个积极性"。2017 年党的十九大报告进一步提出"加快建立现代财政制度，建立权责清晰、财力协调、区域均衡的中央和地方财政关系"。可见，在我国这样一个大国背景下，如何通过构建中央与地方政府间合理的

---

① 中共中央文献研究室. 毛泽东文集：第 7 卷. 北京：人民出版社，1999：31-32.

财政关系（也称财政分权），以充分发挥中央和地方两个积极性，就显得尤为关键和重要。

如何发挥两个积极性？首先要看积极性的定义是什么。对中央政府而言，其重要职责是促进经济增长、维护市场统一、协调区域发展、公平收入分配、维持社会秩序稳定等；对地方政府而言，其重要职责是发展生产、增加公共物品供给、维护市场秩序、完善社会治理等。可见，政府积极性的发挥方向是多重的，在不同历史阶段，在不同层级政府，其展现形态也不同。因此，在财政分权制度设计上，就需要有发展的观点和结构的观点，研究财政激励和政府行为导向问题。

在理论研究中，关于财政分权对地方政府积极性发挥的研究有两个代表性的理论。一是第一代财政分权理论，以 Tiebout①、Musgrave②、Oates③ 等的研究为代表，立论基础是地方政府在掌握辖区居民偏好上具有信息优势，以及辖区间居民存在"用脚投票"机制，由此强调财政分权会有效激发地方政府提供公共服务的积极性。二是第二代财政分权理论，以钱颖一等的一系列研究为代表④，研究认为财政分权能够促使地方政府承担本地区经济发展的责任，形成一种类似"市场保护型"的财政联邦制，强调财政分权会激发地方政府推动辖区市场建设的积极性。

在实证研究中，有大量文章研究财政分权对政府行为及经济的影响，

① Tiebout C M. A pure theory of local expenditures. Journal of political economy, 1956, 64 (5)：416-424.

② Musgrave R A. The theory of public finance: a study in public economy. New York: McGraw-Hill, 1959.

③ Oates W E. Fiscal federalism. Cheltenham: Edward Elgar Publishing, 1972.

④ Qian Y, Weingast B R. Federalism as a commitment to preserving market incentives. Journal of economic perspectives, 1997, 11 (4)：83-92; Qian Y, Roland G. Federalism and the soft budget constraint. The American economic review, 1998, 88 (5)：1143-1162.

本质上仍关系到政府积极性的发挥问题。从文献进展看，研究财政分权对政府积极性发挥的影响尚缺一个相对综合的框架。财政分权对政府行为的影响方向是多个渠道的，文献大多是就某个渠道进行研究，这很容易产生以偏概全的现象。从发展的观点看，不同发展阶段对政府职能的要求是不同的，财政分权形式要随着历史发展阶段而改变；从结构的观点看，财政分权对政府行为影响是多重的，不同方面影响会有轻重取舍的问题，孤立地分析财政分权某一方面影响很难解释制度变迁的逻辑。需要将中央与地方政府在政策目标方面的差异性纳入统一的分析框架，并就财政分权对政策目标的影响进行系统性分析。

所谓的"发挥两个积极性"，更多的是考虑地方政府积极性发挥问题，财政体制在调动地方积极性中起着重要作用。中央政府多从全国性角度出发来制定和执行政策，其政策目标具有全局性和战略性，中央政府会根据历史阶段性变化，对发挥积极性的方向做出调整。财政体制之所以能够调动地方政府积极性，原因有三：第一，事权和支出责任分配决定了政府间权责结构，它可赋予地方发展经济的手段；第二，财政收入分配让地方政府从经济发展中得到相应的财政利益，由此引导地方政府发挥积极性的方向；第三，政府间转移支付可以通过转移支付公式设计，引导地方积极性发挥方向。举例来说，如果将一般性消费税作为地方税，那么会鼓励地方政府改善当地消费环境，并注重保护消费者利益；而如果将企业所得税作为地方税，那么会鼓励地方政府招商引资，并注重保护企业主利益。

|| 第二节 ||
财政包干制下两个积极性的发挥

一、财政包干制改革的背景

新中国成立初期，我国经济发展面临着百废待兴、财力薄弱的困境。为了集中一切力量恢复和发展经济，平衡财政收支，稳定市场物价，安定人民生活，我国在 1949—1979 年实行了以"统收统支、高度集中"为特点的财政预算管理体制。这种体制在根本上是由计划经济体制下的资源配置方式所决定的，尽管该体制缓解了百废待兴和国家财力薄弱之间的矛盾，但是也存在一些弊端。例如，权力集中导致政府职能的过度膨胀，分配上"统得过多、管得过死"压制了地方的积极性，"大锅饭"体制导致出现了"鞭打快牛"和"会哭的孩子有奶吃"的逆向激励现象等问题。另外，1978 年出于恢复国民经济的需要，不断追加基建投资、扩大海外引进项目，以至于出现了求成过急的"洋跃进"失误，造成国民经济比例失调，引发并加重了财政困难。

在上述背景下，为了应对财政困难，充分调动地方政府、企业、居民个人的积极性，中央政府采取了三项重大改革措施，重点是激发活力、解决财政负担和理清财政职能等问题。一是"拨改贷"改革，实现"财政与银行分家"，即由银行而不是财政部门来承担企业的投资职能，理清财政职能。二是农村家庭联产承包责任制改革，使得政府不再为高负债、低效益的人民公社背书，减轻财政负担。三是财政"分灶吃饭"改革，调动地方政府当家理财的积极性，减轻中央财政负担，其中的核心措施是实行财政包干制。具体做法是：中央核定收支总额，由地方包干上缴收入规模（或中央给予补贴），地方在划定的收支范围内自行组织收入，自主安排支出，自求收支平衡。

二、财政包干制的变迁历程

从 1980 年到 1993 年，我国财政管理实行"分灶吃饭"体制，包含了中央和地方财政收支两个方面的范围划分，但以财政收入的责任划分为主，也就是说，财政包干制是"分灶吃饭"制度的核心组成部分。在此期间，中央与地方的财政关系以地方与中央签订财政上的承包协议为主，形成了以划分收支为基础的分级包干和自求平衡的财政关系。财政包干制主要经历了三个发展阶段：

（1）1980—1984 年，实行"划分收支、分级包干"体制。首先，按照经济管理体制规定的隶属关系，明确划分中央和地方财政的收支范围。其次，以 1979 年财政收支预计执行数为基础确定地方财政收支包干基础，并采用固定比例分成、调剂收入分成和定额补助三种办法确定地方财政上缴、留用比例和补助定额。

（2）1985—1987 年，实行"划分税种、核定收支、分级包干"体制。在 1984 年第二步国有企业"利改税"完成之后，国家财政收入由利税并重转向以税为主，国家和企业、中央财政和地方财政的收入分配情况发生了很大变化。为适应这一变化，党的十二届三中全会通过《中共中央关于经济体制改革的决定》，决定从 1985 年起，各省、自治区、直辖市实行"划分税种、核定收支、分级包干"的财政管理体制。改革重点包括三个方面：一是基本上按照 1984 年利改税第二步改革以后的税种设置，划分各级财政收入。二是按隶属关系，划分各级财政支出。三是按照地方财政收支的不同情况分别实行上解、分成和补助，即地方固定收入大于地方支出的，定额（或按比例）上解中央；地方固定收入小于地方支出的，从中央和地方共享收入中确定一个分成比例，留给地方；地方固定收入和中央与地方共享收入全部留给地方，还不足以其支出的，由中央定额补助。收入的分成比例和上解、补助的数额确定后，一定五年不变。地方多收入可以多支出，少收入就要少支出，自求收支平衡。

（3）1988—1993 年，实行"多种形式财政包干"体制。在 1985 年的财税体制实施中，出现了地方增收积极性下降和中央财政收入占全国财政收入比重下降的困难局面。针对这些问题，国务院发布了《关于地方实行财政包干办法的决定》，从 1988 年开始改革原有的包干措施，要求全国 39 个省、自治区、直辖市和计划单列市，除广州、西安两市财政关系仍分别与广东、陕西两省联系外，对其余 37 个地区分别实行不同形式的包干办法。具体包干方法包括"收入递增包干"、"总额分成"、"总额分成加增长分成"、"上解额递增包干"、"定额上解"和"定额补助"等。

三、财政包干制对中央和地方的激励

在改革开放初期，中央政府主要的政策目标是大力发展经济，促进经济增长。财政包干制正是为实现这一主要政策目标而设计的，从效果上看，它充分调动了地方和企业的生产积极性，增强了对体制内各经济主体的激励。

一是调动了地方政府发展经济的积极性，激励了地方经济高速增长。当中央政府的政策目标定位于地方政府辖区内的经济发展时，会倾向于增加地方政府的税收分成比例，以调动地方发展经济的积极性。换言之，为了促进经济增长，以及在市场经济条件欠缺的条件下培育市场机制，中央政府会通过向地方政府下放财政收支自主权的方式，来激励地方政府将更多的资源投入到经济发展当中。财政包干制大幅度向地方政府下放税权，提高地方税收分享比例，同时，财政管理体制一定五年不变，透明度较高，这稳定了地方预期，有利于地方政府根据自身的长远发展来制定合理的经济发展规划。

二是提高了地方政府增收节支的积极性，增强了地方政府的责任感。"分灶吃饭"改革的基本原则之一就是寻求权责利相统一，事权与财权比较统一。在这种财税体制下，财政的收支范围根据企事业单位的隶属关系划分，并且各级政府自求平衡。谁下辖的企业，所获得的收入就归谁支配；谁负责的基础建设、公共事业，财政支出就由谁安排。在权责挂钩紧密的前提下，地方政府有动力加强对财政工作的指导，努力挖掘本地区的生产、物资和资金潜力，并节约地、有效地使用资金，提高财政资金利用效率。

然而，财政包干制也产生了一系列弊端。它在刺激地方发展经济的同时，也造成了财政汲取能力下降、地区间的恶性竞争和市场分割等问题。这主要表现为以下两个方面：

一是财政汲取能力和财政集中度下降,导致中央积极性发挥不足。在财政包干制下,中央政府向地方政府让利过多,导致中央政府宏观调控能力下降,进而导致中央政府在稳定经济波动、促进社会收入分配公平、协调区域经济发展等方面出现职责缺位。中央积极性不足与两个比重持续下滑有很大关系:一是财政收入占国内生产总值的比重下降。这一比重反映了国家财政收入的汲取能力,由 1978 年的 31% 下降到 1992 年的 14%。二是中央财政收入占全部财政收入的比重下降。这一比重反映了中央政府对全国财力的控制程度,从 1984 年的 40.5% 下降到 1992 年的 28.1%。两个比重下降,严重削弱了中央政府对宏观经济的调控能力,也削弱了中央政府的财政主导性和权威。

二是地方政府过度关注发展经济的积极性,导致了地方的财政机会主义倾向和市场分割。首先,财政包干制不够稳定和规范,这导致很高的制度协调成本。由于财政包干方式在中央和地方之间以及地方与地方之间存在时间不一致性和空间差异性,使得地方政府可以利用自身的信息优势,向中央政府争取对自己有利的结果,如增加支出基数、压缩收入基数、提高分成比例、展开恶性减税竞争等,造成中央的财政利益受损。其次,在财政收支包干的情况下,地方政府对经济发展的过度关注激发了严重的地方保护主义,这造成了严重的市场分割。财政包干制是按企业隶属关系划分财政收入,地方政府从经济利益出发,竞相发展本地区税高利多的项目,保护本地产品销售,限制原材料流出,严重妨碍国家统一市场的形成。

根据上述分析,在财政包干制下,地方政府发展经济的积极性和强化财政支出的生产性偏好被激发起来,这推动了中国 80 年代经济的高速增长。然而，地方政府过度看重经济发展的积极性也造成了地区间的恶性竞争和市场分割，地方在与中央的财政博弈中，往往会采取机会主义行为来获取自身利益，造成中央的财政利益受到影响，财政分权制度势必要进行改革。

║ 第三节 ║

分税制下两个积极性的发挥

1993 年 11 月召开的党的十四届三中全会，把十四大提出的经济体制改革目标和基本原则进一步具体化，制定了建立社会主义市场经济体制的总体规划。而财政包干制并不符合市场经济体制的目标，不得不进行更加彻底的改革。在此背景下，为了建立适应社会主义市场经济要求的财税体制，同时提高两个比重，我国启动了分税制改革。

一、分税制的改革历程

根据十四届三中全会通过的《中央中央关于建立社会主义市场经济体制若干问题的决定》，分税制改革的主要内容包括四个方面：一是划分中央与地方收入，二是划分中央与地方的事权和财政支出范围，三是分设国家税务局和地方税务局，四是建立中央对地方的税收返还制度。其中核心部分是划分中央与地方收入，将消费税、关税作为中央税，企业所得税、个人所得税、营业税作为地方税，增值税实行中央与地方 75∶25 分享。

分税制改革后，随着中央政府权威的加强，以及市场经济体制的逐步建立，中央政府逐渐对政府间财政关系又做出了一系列调整。

首先，调整税权划分。一是改革所得税分享方案。国务院从 2002 年 1 月 1 日起实施所得税收入分享改革，除少数特殊行业或企业外，对其他企业所得税和个人所得税收入实行中央与地方按比例分享。2002 年所得税收入中央和地方分享比例为 50∶50，2003 年调整为 60∶40。二是实施"营改增"与增值税分享改革。自 2012 年起，我国逐渐启动了营业税改增值税改革（简称"营改增"），直至 2016 年彻底取消营业税。为了维持地方政府财力稳定，规定央地间增值税分享比例由 75∶25 变为 50∶50。三是改革出口退税负担机制。出口退税是指对出口货物在国内已经征收的增值税和消费税实行退税的政策。1994 年分税制改革的时候，规定出口退税全部由中央财政负担。2004 年起，中央开始考虑建立中央与地方共同负担出口退税的新机制。即以 2003 年出口退税实退数额为基数，对超基数部分的应退税额，由中央和地方按照一定比例分别负担。四是改革证券交易印花税分享制度。分税制改革初期，证券交易印花税中央和地方按 50∶50 分享，之后中央政府不断提高中央税收分享比例，直到 2003 年固定为 97∶3。

其次，改革事权划分。事权划分关系到政府间职能的划分，它的本质是确定各级政府的行为边界和责任归属，政府间合理的事权划分是规范政府间财政关系的基础。然而，由于事权划分改革又依赖于行政体制改革，在 1994 年分税制改革后的二十年时间里，事权分配改革处于缓步不前状态。2013 年党的十八届三中全会后，中央政府逐渐意识到要将财政事权与支出责任改革联系起来。财政事权是政府提供基本公共服务的任务和职责，支出责任是政府履行财政事权的支出义务和保障，如果不落实支出责任，那么政府职责也难以履行。关于事权划分的改革主要在近年得以推动：一是 2016 年国务院出台了《国务院关于推进中央与地方财政事权和支出责任划分改革的指导意见》（国发〔2016〕49 号），试图实现政府间财政事权和支出责任划分法治化、规范化。二是改革基本公共服务领域中共同财政事权和支出责任划分。2018 年国务院出台了《基本公共服务领域中央与地方共同财政事权和支出责任划分改革方案》（国办发〔2018〕6 号），明确了基本公共服务领域中央与地方共同财政事权范围。三是改革医疗卫生领域中央与地方财政事权和支出责任划分，2018 年国务院出台了《医疗卫生领域中央与地方财政事权和支出责任划分改革方案》（国办发〔2018〕67 号）。

再次，完善转移支付制度。从 1995 年出台一般性转移支付制度开始，我国按照"存量不动、增量调整"的原则，陆续出台实施了调整工资转移支付、民族地区转移支付、农村税费改革转移支付、县乡奖补转移支付、资源枯竭转移支付、国家重点生态功能区转移支付等。2014 年，为了解决转移支付结构不合理的问题，国务院出台《国务院关于改革和完善中央对地方转移支付制度的意见》（国发〔2014〕71 号），提出一般性转移支付占比应该在 60％以上。2015 年，为了加强对地方专项转移支付的管理，财政部重新制定了《中央对地方专项转移支付管理办法》。

二、分税制改革对中央和地方积极性的影响

与财政包干体制相比，分税制改革体现了中央政府两个方面的政策目标：一方面，要继续调动地方政府发展经济的积极性，促进经济增长；另一方面，还需要调动中央政府的积极性，增强中央政府的权威和宏观调控能力，抑制地区间的减税竞争和市场分割等现象。中央政府积极性的发挥需要以雄厚的财力为基础。另外，发挥中央政府的积极性，还需要通过改革来引导地方政府的行为，控制地方政府对市场的不当干预，即增强对地方政府的控制力。因此，分税制改革就力图通过调整财政分权来同时调动中央和地方两个积极性。

当中央政府的政策目标定位于经济发展时，会通过提高地方税收分成比例来激励地方政府发展经济；而当中央政府将政策目标定位于提高对地方政府的控制力时，则会降低地方税收分成比例。分税制的改革措施就充分体现了这些方面，具体表现如下：

第一，合理划分税种，分别调动中央和地方不同的积极性。在中央与地方分设税种以后，一方面，地方政府关于地方税种（例如营业税）的分成比例趋近于1，这对地方政府产生较强的税收激励，鼓励地方政府采取相关政策措施发展经济。另一方面，地方政府关于中央税种的分成比例趋近于0，这使得中央政府能够保有部分税种的排他性收益权；更为重要的是，由于增值税和企业所得税对地方生产积极性的推动力太大，对整体税收收入的影响也最大，因此中央政府通过将地方的税收分成比例分别调整为25％和40％，并规定两税分别由国家税务局征收，借此强化了中央对

地方政府的控制力。

第二，充分激发中央的积极性，增强中央政府的权威。首先，分税制有效地解决了两个比重下滑问题，扭转了财政困难局面。图 5-1 显示，自 1997 年起，大多数年份税收增长率超过 GDP 增长率，财政汲取能力大幅度提高，增强了政府的宏观调控能力。其次，税权划分强化了中央政府的征税力度，增强了中央的财政集中度。由于分税制改革在实际上造成了财权上移和支出责任下移，使得中央政府在税收收入分配中占据明显优势，因此中央政府有动机加强征管力度。分税制改革后中央政府财政收入占比迅速提高，由 1993 年的 22.0％陡增到 1994 年的 55.7％，之后一直维持在 45％～55％之间，这彻底扭转了中央政府在与地方政府财力分配中的被动地位，意味着中央政府对地方政府的控制力大大增强。再次，合理的税种划分增强了中央政府维护统一市场的能力。通过将大部分增值税和企业所得税以及全部消费税划归中央，将会抑制地方政府盲目发展税高利大的倾向，改变地方的"割据"观念，促进商品和要素的自由流动，有效避免了财政包干体制下存在的地方保护主义和市场分割等问题，维护了市场的统一性。最后，转移支付制度的完善提高了中央政府均衡区域发展的能力。通过完善一般性转移支付和专项转移支付制度，中央政府可凭借强大的财力来协调地区发展不平衡问题，抑制地区财力差距扩大的趋势，促进基本公共服务均等化。

第三，继续调动地方政府发展经济的积极性，推动经济增长。分税制改革实际上给了地方政府推动经济发展的杠杆。分税制改革后，地方政府主要收入来自三个方面：营业税、企业所得税和增值税的分成收入。企业

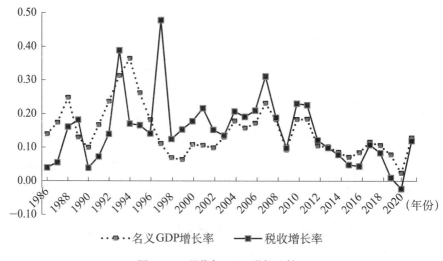

图 5-1 税收与 GDP 增长比较

资料来源：历年《中国统计年鉴》。

所得税和增值税的税基来自企业的利润和增加值，属于流动性税基，主要
集中于工业部门。营业税的税基分为两部分：一部分是服务业，分为生产
性服务业（如交通运输业）和消费性服务业（如餐饮业）；另一部分是建
筑业和房地产业。显然，工业投资和生产的扩张会影响到生产性服务业的
发展，人口聚集则会影响消费性服务业发展，而住宅和厂房建设的需求增
长则关系到建筑业和房地产业的发展。因此，分税制的税种设计会通过税
收激励来调动地方政府发展经济的积极性。

增值税和企业所得税都属于流动性税基，特别是生产企业的增值税，
在出厂环节征收，并且具有经营地点固定、生产环节增值率高等特点；而
营业税与服务业和建筑业密切相关，房产投资需求的增长显然会增加税收
收入。另外，除了企业所得税、营业税和增值税之外，地方政府还要求投
资者一次性缴纳土地出让金，但是缴纳金额可以弹性调整。由于企业投资

可以在未来产生稳定的税源，因而地方政府还可以通过调整对投资者征收的土地出让金、为投资者提供各类服务等方式吸引投资。总体而言，对地方政府来说，吸引企业投资会拉动当地的 GDP 增长，带动相关产业发展，进而会给地方政府带来可观的税收收入。因此，地方政府为了增加财政收入，会千方百计地吸引外地工业企业到本地投资落户，反过来导致了地方政府间为争夺税基而展开的激烈经济竞争。

综合上述分析，分税制在提高中央政府财力的同时，也改变了地方政府原有的行为模式。一方面，通过增强中央财力而显著调动了中央政府的积极性；另一方面，使得地方政府仍具有较高的积极性发展经济，并通过辖区间的经济竞争来推动经济增长等，但是对提供公共服务的积极性不足。

第四节

地方积极性发挥的历史阶段论

本章研究了在财政包干制和分税制两种财税体制背景下，中央和地方政府的积极性是如何发挥的。研究表明，财政包干制激发地方经济发展的活力，带来了经济的高速增长，但也降低了国家的财政汲取能力和中央财政集中度，同时产生市场扭曲和市场分割等经济问题；分税制改革提高了财政收入占 GDP 的比重和中央财政收入比重，扭转了当时面临的财政困难局面，并增强了中央的宏观调控能力，但是也抑制了地方提供公共服务的积极性，并强化了政府对经济的干预。可见，在完善财税体制的过程中，如何根据经济发展阶段的变化来发挥中央和地方两个积极性，将是建立现代财政制度的重要内容。

本章强调的是，判断财政分权好坏不应有静态的、确定的标准，应随着政策目标、历史发展的不同阶段而进行调整。对于中央政府而言，其自然不缺乏主动性来发挥积极性。中央政府天然承担国家治理的责任，要从全国性角度出发来制定和执行政策，其政策目标具有全局性和战略性，因此中央政府的积极性不需要被激发。因此，发挥两个积极性的核心是：如何结合历史发展阶段，合理激发地方政府的积极性？

从各国经济发展历程看，地方政府积极性的发挥有三种方向：发展生产、提供公共服务、完善公共治理。这三种积极性的发挥对地方政府行动方向的要求是不一样的，与经济发展阶段密切相关。随着经济发展水平的提高，作为市场主体的居民和企业对财政的需求，由最初对完善市场机制的需要，发展到对优质公共服务的需要，最后发展为对有序公共治理的需要。我认为，在不同的经济发展阶段下，地方政府积极性的发挥方向如图5-2所示：

图5-2 地方政府积极性发挥方向

第一个阶段，发展起飞阶段。此阶段许多地区的市场机制还处于初步建立阶段，市场条件不足以吸引企业投资。如果地方政府积极为企业改善市场条件，例如完善当地市场基础设施，甚至通过税收返还这种制造税收洼地的手段，会有效吸引企业投资，从而有助于激发当地经济活力，推动经济起飞。此时，需要发挥地方政府发展生产的积极性。

第二个阶段，发展中期。此阶段随着生活水平的不断提高，人民对高质量的公共服务需求增加，在教育、医疗卫生、环境保护、文化娱乐等公共服务领域有了更高的要求，需要发挥地方政府提供优质公共服务的积极性，例如改善当地教育和医疗条件、改善生态环境等。

第三阶段，发展到较高阶段。此阶段社会成熟度较高，居民参加基层社会治理和政治治理的热情上升，社会组织发展迅速，社会组织期待与政府展开平等对话，过去通过自上而下、等级秩序来开展公共事业的手段逐渐变得低效，政府应与社会开展广泛合作，共同完善公共治理。正如荀子所言："明分职，序事业，材技官能，莫不治理。"此时，需要地方政府发挥公共治理的积极性，例如促进基层社会建设、与社会组织开展合作、优化利益协调机制等。

结合我国历史发展进程，如果说，在改革开放初期和经济高速成长期，各地市场机制还不完善、市场条件还不充分，需要激发地方政府发展经济的积极性的话，那么，在我国已全面建成小康社会的今天，人民对经济增长的追求已逐渐让位于对良好公共服务、积极参与公共治理的要求，此时，应激发地方政府提供公共服务、完善公共治理的积极性。

如何促使地方积极性发挥方向的转变？根据本章的理论研究，改革方向有两个：一是改革干部考核制度，引导政府政绩观念的转变。在理论研究中，政府行为模式与政府的偏好有密切关系，而政府偏好又与干部考核任用制度有密切关系，因此，要把公共服务提供水平、公共治理效果等引入到地方官员政绩考核中。二是改革政府间财政关系，通过利益机制引导政府行为的改变。可以考虑将地方政府财政收入的主要来源，由按生产地原则征税改为按受益性原则征税，即让地方税与企业产出挂钩，与政府提供的公共服务水平挂钩。两者结合，逐渐减少地方政府对市场的干预，转向着力解决群众在就业、教育、医疗、居住、养老等方面面临的难题等。这样，中央政府集中财力发挥中央政府的积极性，地方政府发挥提供公共服务和完善公共治理的积极性，从而将中央和地方两个积极性的发挥统一到中国特色社会主义的建设当中。

财政体制的核心是财政事权、财权和转移支付，关于政府间财权分配和转移支付改革的分析，可分别参见本书第十章和第六章，下一节重点分析财政事权与支出责任改革。

第五节
财政事权与支出责任改革

一、事权与财政事权的内涵及分配规则

事权是社会各界用得非常多，但内涵一直未得到清晰阐述的词。简单

地说，事权是指一级政府在公共事务和服务中应承担的任务和职责；更简单地说，事权就是政府职能①。

事权分为决策权、支出权（执行权）、监督权三部分②。决策权是关于做出公共事务决策的权力；支出权是关于财政支出的权力，权力与责任要对等，于是也可说它是关于财政支出的责任，又因为财政资金支出会伴随着行动，因此它也可称为执行权；监督权是关于监督财政资金使用和管理的权力。事权通过各个政府职能部门与财政部门协作来实现，但是资金运转要通过财政部门。因此，事权既体现为政府间行政关系，也体现为政府间财政关系。

事权的三部分权力是可以在不同层级政府、政府不同部门间划分的。举例来说，上级政府让下级政府负责基础教育，但下级政府财力不足，实施基础教育的资金需要上级政府通过转移支付来解决。上级政府与下级政府的事权分配为：在决策权方面，上级政府决定教育标准或支出规模，如教师工资标准，地方政府也可能拥有部分决策权，如学生餐饮标准；在支出权方面，主要由下级政府负责支出；在监督权方面，上级政府或审计部门负责监督执行部门的资金使用、责任落实、执行效果等。

事权中决策权的分配规则是：横向看，它按事权性质归属于各个政府职能部门，例如教师工资标准由教育局确定，环境规制标准由环境保护局决定，财政部门分享的决策权力比较有限。纵向看，它归属于哪一级政府要依公共事务的外部性来确定，全国性公共事务应由中央政府来决策，地方性公共事务应由地方政府来决策，跨区域的公共事务应由中央政府来决

---

①　楼继伟. 中国政府间财政关系再思考. 北京：中国财政经济出版社，2013.
②　吕冰洋. 现代政府间财政关系的构建. 中国人民大学学报，2014，28（5）：11-19.

策，如跨区域的河流治理就属此类。地方政府拥有决策权时就应承担相应的财政支出责任，其资金来源于税收、转移支付、收费、债务等。中央政府拥有决策权时可以根据实际情况落实支出责任，如中央政府承担支出责任有效时应由中央政府来承担，地方政府承担支出责任有效时应由地方政府来承担。财政部门是财政资金集中、分配和使用的中枢，在财政资金的驱动下，各职能部门履行相关的职能。事权中的监督权主要属于上级政府，同时财政部门因为负责资金支出，也承担财政资金监督使用的权力。

在三种事权分配中，支出权的分配是核心，它的分配代表着由哪一级政府负责财政支出，也即意味着由哪一级政府履行相关政府职能。事权中决策权和监督权的分配大部分与财政无关，体现在各职能部门之中。事权代表政府职能，因此事权分配本质上是一个政治问题。

长时间以来，我国关于事权一词的内涵没有清晰的界定，导致财政体制改革在事权与财权、支出责任、财力等关系的问题上说法多变。2016 年后，财政体制改革文件常提财政事权一词，并说"财政事权是一级政府应承担的运用财政资金提供基本公共服务的任务和职责"。但我认为，财政资金用于履行政府职能，基本公共服务一词很难代表政府职能。而国家层面的一些文件，仍在考虑政府间事权而非财政事权的配置。如《中华人民共和国国民经济和社会发展第十四个五年规划和 2035 年远景目标纲要》提出："建立权责清晰、财力协调、区域均衡的中央和地方财政关系，适当加强中央在知识产权保护、养老保险、跨区域生态环境保护等方面事权，减少并规范中央和地方共同事权。健全省以下财政体制，增强基层公共服务保障能力。"不过，为与财政改革实践对接，针对相关表述，下文一律称财政事权。

二、面临的问题

政府间财政事权分配与支出责任是关系到政府职能行使和政治结构稳定的重要问题，不少发达国家或在《宪法》上，或通过中央立法，来明确各级政府的职责。我国在 2016 年国务院颁发的《关于推进中央与地方财政事权和支出责任划分改革的指导意见》中，列举了现行的中央与地方财政事权分配存在的问题，主要表现在：第一，政府职能定位不清，一些本可由市场调节或社会提供的事务，财政包揽过多，同时一些本应由政府承担的基本公共服务，财政承担不够；第二，中央与地方财政事权和支出责任划分不尽合理，一些本应由中央直接负责的事务交给地方承担，一些宜由地方负责的事务，中央承担过多，地方没有担负起相应的支出责任；第三，不少中央和地方提供基本公共服务的职责交叉重叠，共同承担的事项较多；第四，省以下财政事权和支出责任划分不尽规范；第五，有的财政事权和支出责任划分缺乏法律依据，法治化、规范化程度不高。

地方政府整体承担的财政支出责任上升，势必影响到省以下各级政府的财政支出责任承担比例的变动。图 5-3 刻画了省级、市级、县乡级三级政府财政支出占比状况，从中可以看到，县乡级支出占比在 2000 年后迅速上升，省级和市级占比在下降。这可能反映了从中央到省、省到市、市到县乡的层层向下转嫁财政压力的行为，县乡级政府无从转嫁，只能承担大部分财政支出责任，由此引发了广受关注的县乡财政困难问题。

三、改革方向

财政事权和支出责任划分，不仅关系到现代财政制度的建设，更是国

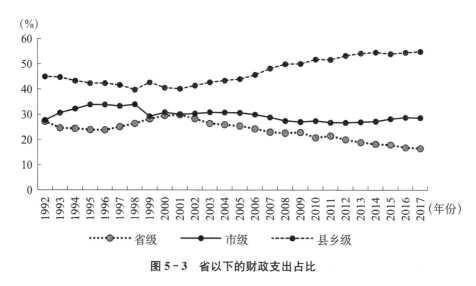

图 5 - 3　省以下的财政支出占比

资料来源：1994 年—2017 年一般公共预算支出级次情况 . 地方财政研究，2019（6）：113.

家治理体系和治理能力现代化的重要方面，财政事权与支出责任划分是多年来理顺政府间财政关系的焦点和难点问题。改革方向为如下四点：

（一）转变政府职能，理顺政府与市场、政府与社会的关系

现代政府的本质属性是公共性，政府职能的定位和履行必须以公共性为价值追求，但目前政府职能的公共性仍有待完善之处。财政事权与支出责任划分改革关系到政府职能转变，进而影响到政府与市场、政府与社会关系的正确处理。党的十八大以来，我国政府职能持续优化，对解放和发展生产力、促进经济持续健康发展、增进社会公平正义，发挥了重要作用。而面对新时代新使命，我国必须加快转变政府职能，不断完善政府经济调节、市场监管、社会管理、公共服务、生态环境保护等职能，坚决克服政府职能错位、越位、缺位现象，全面提高政府效能，助推国家治理体系和治理能力现代化。

　　就政府与市场的关系而言，要将有效市场和有为政府更好地结合起来，使市场在资源配置中起决定性作用，同时更好地发挥政府作用。一方面，尊重市场经济一般规律，最大限度减少政府对市场资源的直接配置和对微观经济活动的直接干预，大力保护和激发市场主体活力；另一方面，要继续创新和完善宏观调控，有效弥补市场失灵，着力推动形成新发展格局，努力实现更高质量、更有效率、更加公平、更可持续、更为安全的发展。就公共物品提供而言，纯公共物品应由政府提供，但是现实中大量公共物品属于混合公共物品，在理论上它们可以由私人部门提供，对此，处理政府与市场关系应坚持的原则是：能够由市场提供的物品一定要由市场提供；需要政府和市场联合提供的要扩大市场的力量；公共物品的提供要吸引市场的参与。这样做不但有利于市场经济的发育，也有利于减轻政府支出规模膨胀的压力。

　　就政府与社会的关系而言，要建立政府与社会的良好合作机制。随着我国经济社会的发展，包括基础设施、教育、医疗等在内的各类公共支出均会有所上升，社会组织运营机制更加灵活且投资需求旺盛，社会组织、民间团体在此过程中会发挥积极作用，可通过合理的制度设计，鼓励社会在教育、医疗、科技等领域发挥更大的作用。要通过激发社会组织参与公共事务，使社会化生产和管理私有化，同时保证获取这些物品和服务的权利继续存留于公共领域之中。政府与社会组织建立起良好的合作伙伴关系，既有助于政府机构精简，也有利于社会组织发展，还有利于满足社会公众需求的多元化要求，达到激发社会活力的效果。

（二）合理划分各级政府职能，根据政府职能定位确定财政事权与支出责任划分

我国作为单一制社会主义大国，必须在"统一领导、分级管理"原则下，按照政府间事权划分的理论，根据公共物品的信息优势原则、外部性原则、规模经济原则和激励相容原则来划分各级政府事权。按照事权属性，涉及国家主权、经济总量平衡和区域协调发展、全域要素流动等领域的事务，要完整集中到中央，以加强国家的统一管理，确保法制统一、政令统一、市场统一，维护和巩固中央权威。在国防、外交、国家安全、职工社会保险、海域和海洋使用管理、食品药品安全、生态环境安全、跨区域司法管理等领域，在维护中央决策权的同时，要重点强化中央的执法权，合理配置机构，增强执法一致性，提高行政效能。省以下的事权调整要深化行政执法体制改革，按照减少层次、整合队伍、提高效率的原则，推进综合执法，合理配置执法力量。通过上述努力，建立决策和执行相统一、权力和责任相一致、事权和支出责任相适应的体制机制。

现代社会以互联网为代表的技术发展，对政府间职能边界调整产生着重要影响。信息技术的发展，一方面使得信息传递成本大幅度下降，政府间信息不对称程度大幅度降低，这会使得公共服务的半径扩大；另一方面人们对公共服务的个性化需求也有可能因此扩大，不同地方的人可能表现出公共服务需求的区域性特征。因此，政府间财政事权和支出责任划分要保持一定的灵活性，要根据现实变化进行合理调整。

（三）推动财政事权和支出责任划分规范化和法律化

政府间职能合理划分是财政事权和支出责任划分的基础，它既与各国经济发展水平、政治制度、历史文化与法治传统紧密相关，也有其共性特征：政府间职能划分多在宪法层面予以明确，以根本法的形式确立原则和框架；法律对具体职能的配置尽可能明晰，使各级政府的职责范围明确；重视政府职能实施过程中争议解决机制的构建，或者通过违宪审查制度解决事权争端，或者设立专门机构予以协调。

我国政府间事权划分的法律基础薄弱，《宪法》仅规定"中央和地方的国家机构职权的划分，遵循在中央的统一领导下，充分发挥地方的主动性、积极性的原则"，并授权国务院规定中央和省级政府的职权划分。实践中多以文件形式加以界定，讨价还价、相互博弈、上收下放频繁，缺乏必要的法律权威和约束力。按照十八届四中全会提出的"推进各级政府事权规范化、法律化，完善不同层级政府特别是中央和地方政府事权法律制度"的要求，要通过法律明确事权划分原则，对中央事权、地方事权、共同事权和委托事权等形态做出原则规定，并以此为指导，在各相关单行法律中具体规定该领域的事权划分，以法律的权威性保证事权划分的稳定性和连续性。另外，要以立法形式规范上级政府对下级政府事务的干预方式，并明确纠纷协调和仲裁救济办法。比如，明确在行政法规与地方性法规不一致时，由全国人大常委会以事权划分为依据确定两者的适用问题。通过法律划分政府间事权，在此基础上将中央与地方财政事权和支出责任划分基本规范以法律和行政法规的形式规定，将地方各级政府间的财政事权和支出责任划分相关制度以地方性法规、政府规章的形式规定，逐步实现政府间财政事权和支出责任划分规范化、法律化，让行政权力在法律和制度的框架内运行，加快推进依法治国、依法行政。

（四）完善中央与地方支出责任划分方案，保障各级政府财力需要

一是中央的财政事权由中央承担支出责任。属于中央的财政事权，应当由中央财政安排经费，中央各职能部门和直属机构不得要求地方安排配套资金。中央的财政事权如委托地方行使，要通过中央专项转移支付安排相应经费。二是地方的财政事权由地方承担支出责任。属于地方的财政事权原则上由地方通过自有财力安排。对地方政府履行财政事权、落实支出责任存在的收支缺口，除部分资本性支出通过依法发行政府性债券等方式安排外，主要通过上级政府给予的一般性转移支付弥补。地方的财政事权如委托中央机构行使，地方政府应负担相应经费。三是中央与地方共同财政事权区分情况划分支出责任。根据基本公共服务的属性，对体现国民待遇和公民权利、涉及全国统一市场和要素自由流动的财政事权，如基本养老保险、基本公共卫生服务、义务教育等，可以研究制定全国统一标准，并由中央与地方按比例或以中央为主承担支出责任；对受益范围较广、信息相对复杂的财政事权，如跨省（区、市）重大基础设施项目建设、环境保护与治理、公共文化等，根据财政事权外溢程度，由中央和地方按比例或以中央给予适当补助方式承担支出责任；对中央和地方有各自机构承担相应职责的财政事权，如科技研发、高等教育等，中央和地方各自承担相应支出责任；对中央承担监督管理、出台规划、制定标准等职责，地方承担具体执行等职责的财政事权，中央与地方各自承担相应支出责任。在确定政府间财政事权和支出责任划分基础上，应合理制定中央与地方收入划分方案及转移支付方案，推动进一步理顺中央与地方的财政分配关系，形成财力与事权相匹配的财政体制。

结　论

中国历次财政体制改革，重在调动中央与地方两个积极性，在不同时期发挥的作用不同。

第一，在财政包干制时期，财政体制的改革设计主要目的是调动地方发展经济积极性。通过以财政收入分级包干的方式，允许地方政府从所管辖企业发展中得到相应的好处，调动了地方培植当地企业，推动经济产出扩大的积极性。但是它在刺激经济增长的同时，也造成了财政汲取能力下降、地区间恶性竞争和市场分割等问题。

第二，在分税制时期，财政体制的改革设计主要目的是改变两个比重和推动社会主义市场经济体制建设。分税制扭转了两个比重下滑现象，改变了地方政府原有的行为模式。它使得地方政府从财政包干制下热衷办隶属于地方的企业，转变为吸引外地投资来推动经济增长，但是对提供公共服务的积极性有所不足。

第三，地方积极性的发挥方向，要遵循历史演变规律。随着经济社会发展，地方政府积极性的发挥沿着发展生产、提供公共服务、完善公共治理三个方向次第展开。当前，人民对经济增长的追求已逐渐让位于对享受高质量的公共服务、积极参与公共治理的需要,财政体制要进行相应改革,注重调动地方政府提供公共服务、完善公共治理的积极性。

第四,财政事权和支出责任划分是多年来财政体制改革的焦点和难点问题。改革重点为四个方面:转变政府职能,理顺政府与市场、政府与社会的关系;合理划分各级政府职能,根据政府职能定位确定财政事权与支出责任划分;推动财政事权和支出责任划分规范化和法律化;完善中央与地方支出责任划分方案,保障各级政府财力需要。

第六章

匹配国家治理结构的转移
支付体系构建

"上下相维"的治理结构中的一对矛盾
及转移支付要解决的问题

一、中国转移支付的规模和结构

转移支付是指发生在各级政府之间的资金的无偿转移，它是财政资金在各级政府之间的一种再分配形式。当地方政府财政收入不能满足财政支出需要时，就需要上级政府通过转移支付来解决。中国 1994 年的分税制改革，是政府间财政关系的重大调整。分税制改革之前，中央财政收入占全国财政收入比重仅为 20％左右，中央财力的困窘使得它对地方的转移支付规模极为有限。分税制改革后，中央财政收入占全国财政收入比重上升到 50％以上，随之而来的问题是地方财政收支缺口加大、各地区间财力不平衡，为此，中央政府开始逐步完善和健全转移支付制度。

当前，我国转移支付分类为一般性转移支付和专项转移支付。一般性转移支付当中的各类转移支付都有明确的分配公式，绝大多数都建立在标准的财政收入和支出数据基础上。专项转移支付多数情况下综合因素法和项目法确定，其中，因素法包括因素选取、确定权重和测算转移支付三步。项目法指专项转移支付资金按照项目进行分配、管理和考核。

1994 年分税制改革以来，转移支付结构发生很大的变动，见图 6-1。一般性转移支付占转移支付的比重，在 2000 年之前增长较为平缓，由 1994 年的 9.84％缓慢增长到 1999 年的 13.44％，继而逐步提高到 2018 年 55.55％。2019 年后，我国进行转移支付制度改革，大幅度削减专项转移支付，增加共同财政事权转移支付并列为一般性转移支付，由此使得一般性转移支付占比在 2019 年后大幅度上升。专项转移支付占转移支付比重从 1994 年的 15.40％逐渐提高，之后很长时间一直稳定保持在 30％～40％之间。2019 年后，该比重下降为 10％左右。我国转移支付体制中有一类特殊转移支付：税收返还。它是将地方所产生的增值税、消费税、所得税等上缴中央的税收中，返还一部分给地方。税收返还以维护地方既得利益的基数法进行分配，虽然在名义上是中央财政收入，但实际上地方财政对这部分资金具有最终决定权。它是在 1994 年分税制改革背景下，中央政府为保证改革顺利进行，所采取的一种调整央地间税收利益的做法，之后

图 6-1 中国转移支付结构

在转移支付中的比重逐渐下降。2020 年后，税收返还并入一般性转移
支付。

　　转移支付对维护各级地方政府财政运转起到重要作用。图 6-2 显示，
不论是发达地区还是欠发达地区，中国所有省份财政支出中均有较大规模
的转移支付。并且，越是经济欠发达地区，转移支付占财政支出的比重
越高。

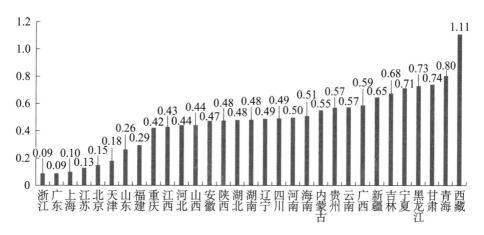

图 6-2　2021 年各省转移支付占财政支出的比重

　　如此庞大规模的转移支付，势必对中国经济社会运行产生重要影响。
为此，本章研究中国特色转移支付的运行规律，总结经验和剖析问题，进
而提出转移支付制度的设计方案，以此回应党的二十大报告提出的"完善
财政转移支付体系"。

二、国家能力与"上下相维"的治理结构

　　作为具有超大规模和超大社会"两超"特征的国家，中国国家治理的难
度是举世罕见的，而与此同时，中国也具有超长历史，在国家治理方面有着
相当丰富的经验。这种国家治理的难度和经验，均会影响当前国家能力的建

设，并将国家能力运用于国家治理的方方面面。协调区域发展就是一例。

国家能力的概念最早出现在社会学家和政治学家的著作中，随着 20 世纪末期制度经济学的蓬勃发展，国家在经济中的作用得到了广泛的重视。党的十八届三中全会指出，当前中国改革的总目标是"完善和发展中国特色社会主义制度，推进国家治理体系和治理能力现代化"，其中暗含着对国家能力建设的重视。那么，国家能力的核心是什么？不同学者有不同解读。吕冰洋、台航总结认为，国家能力的核心是两个：市场增进能力和组织动员能力[①]。市场增进能力会促进经济增长，奠定国家发展的物质基础。但仅有市场增进能力还不够，国家还应该有应对危机、实现其战略目标的能力。对中国这样的一个国家而言，提高组织动员能力对国家建设尤其重要。

翻开中国二十五史，可以说记载着各类危机的发生与应对。历代王朝无不为应对这些危机而绞尽脑汁，往往是政府的组织动员能力发挥得好，就有助于克服这些危机，发挥得不好，危机就会扩大甚至最终导致王朝覆灭。为提高组织动员能力，古代中国多实行以郡县制为特色的自上而下的国家治理模式，这种模式从横向比较看，可以说是相当成功的，它保证了国家政权的相对稳定和文明的延续。

当历史从小农经济时代迈入市场经济时代后，为推动市场经济发展，需要鼓励竞争，鼓励地方政府、社会和个人的自发性和创造精神，此时还需要保持强大的组织动员能力吗？我认为，市场力量越是被充分动员起来，就越是需要政府有良好的组织以维持社会的稳定与市场的运转。2020年新冠肺炎疫情蔓延全球，以美英为代表的发达国家的表现令人大跌眼镜。

---

① 吕冰洋，台航. 从财政包干到分税制：发挥两个积极性. 财贸经济，2018，39（10）：17 - 29.

之所以如此，从国家能力的观点看，这些国家过于重视通过鼓励个人自由来增强市场功能，而对国家组织动员能力的建设不足。中国抗疫成功得益于高效的组织动员能力，而制度基础，在于党领导下的全国一盘棋体制。

那么，中国这种治理结构的典型特征是什么呢？用北宋中期著名史学家范祖禹的话说："上下相维，轻重相制，如身之使臂，臂之使指。"我认为，"上下相维"抓住了中国国家治理的核心结构，那就是上级政府与下级政府在权力结构上呈交叉状态：一方面，下级政府要靠上级政府权力授予来行使政府职能；另一方面，上级政府又时时制约着下级政府职能行使的方向。与强调分权、强调自治的国家治理结构相比，这种治理结构使得国家具有高效的组织动员能力，正如范祖禹所言"如身之使臂，臂之使指"。但同时，在内部治理中，不可避免地出现政府间大量权力交叉问题，也不可避免地要协调各级政府目标与辖区居民目标的一致性问题。转移支付制度自然镶嵌在这种治理结构中，要理解中国转移支付制度，也必须从这个治理结构入手分析。

三、"上下相维"治理结构中的一对矛盾

凡事都有两面性。自上而下的领导体制虽然有助于提高组织动员能力，但是同时，它容易产生的问题是，地方政府执政行为容易导向为服从上级目标，而对当地居民需求回应有所不足，由此产生辖区居民偏好与地方政府偏好错位问题[①]。举例来说，当地方政府得到一笔转移支付资金，它将如何使用呢？一种方式是将资金用于短期能见成效的投资项目上，另

① 吕冰洋，台航．国家能力与政府间财政关系．政治学研究，2019（3）：94－107.

一种方式是将资金用于当地居民迫切需要但是短期不出成效的教育事业上。当上级政府的导向是以经济发展为中心时，地方政府在资金配置上容易选择前者。因此，这种体制容易产生一对矛盾：强化自上而下的领导体制会提高国家组织动员能力，会同时也会产生政府偏好错位现象。

国家能力建设就要解决好这一对矛盾，一方面要保持国家高效的组织动员能力，另一方面又要通过各种制度建设来纠正政府偏好错位现象。那么，解决这对矛盾的思路是什么呢？一方面，要通过政治体制建设和党的建设来强化组织动员能力；另一方面，要通过合理的机制设计，让地方政府执政行为能够呼应当地居民的需要。这种机制设计，很大程度上会落脚在财税体制建设上，例如，如果地方政府主要的财政收入来自对生产性税基的征税（如企业所得税），那么地方政府会积极想办法吸引企业投资，注意力会放在企业而不是居民身上。而如果财政收入主要是通过房地产税、一般消费税这样具有受益性的税种来征税，那么地方政府从扩大税基角度考虑，会积极回应居民需要，进而提供好的公共服务。

四、"上下相维"治理结构中转移支付制度要解决的问题

中国这种"上下相维"的治理结构的影响是全方位的，自然也会反映在转移支付制度建设上。转移支付不是简单地将资金从发达地区转移到欠发达地区，它要解决两个重要问题。

第一个问题，怎样才能既节省财力又实现平衡地区发展目标？一般认为，建立转移支付制度需要中央政府拿出大笔的财政资金给欠发达地区，但是，从新中国成立到1994年分税制改革，中央财政一直处于紧运行状态，很难抽出更多资金用于平衡地区差距。我国直到1994年分税制改革

才逐渐建立起转移支付制度。即使是分税制改革后，中央政府财力变得充足，经济建设和民生保障仍需要大量的财政支出，中央政府仍需要考虑在节省财力的情况实现平衡地区发展的目标。

第二个问题，怎样在平衡地区发展中避免转移支付的效率损失？转移支付是一种"抽肥补瘦"的制度设计，它从发达地区抽走资金到欠发达地区使用，这一方面会抑制发达地区发展经济的积极性，另一方面，欠发达地区发展越好，得到的转移支付就会越少，这也会产生逆向激励。

解决这两个问题很难在传统的转移支付理论中找到答案，而中国转移支付制度依托国家能力，在一定程度上很好地解决了这两个问题，但也遗留了一些问题。正因为如此，需要从国家能力角度剖析中国转移支付制度的创新性实践，并发现其背后的理论逻辑。

| 第二节 |
一般性转移支付制度建设：在平衡中提高效率

从转移支付制度的发展历史看，改革开放后很长一段时间，在"两个大局"和"效率优先"思想的指导下，转移支付制度建设基本付诸阙如。1994 年分税制改革后，中央政府财力大大增强，沿海优先发展逐渐向沿海拿出更多力量来帮助内地发展转变，转移支付制度在平衡地区差距中起着重要作用。目前，我国转移支付分为一般性转移支付、专项转移支付两大部分，两者分别占中央财政支出的比重为 61% 和 6.9%。下面剖析一般性转移支付制度的理论逻辑。

一、一般理论：一般性转移支付的效率损失

一般性转移支付用于弥补地区财力差距，为解决地方财力不均衡而设立的转移支付，不能给地方设置资金使用条件，地方对这类资金的使用方向有充分的自主权，因而这类转移支付又称为无条件转移支付，现实中称为均衡性转移支付。不过，在当前中国的转移支付统计口径中，一般性转移支付并不都是无条件转移支付，甚至有不少属于专项转移支付性质，但为了理论分析方便，本章仍称之为一般性转移支付。大量研究认为，一般性转移支付制度在平衡地区差距的同时，不可避免带来一些效率损失。

第一，转移支付先天存在逆向激励问题。一般性转移支付的制度设计是转移支付规模与地区自有财力负相关，也就是说，越发达地区得到的转移支付越少，越不发达地区得到转移支付越多，这自然会降低地区经济发展动力[1]。

第二，转移支付会刺激地方政府扩张支出规模。在转移支付实践中，人们发现，中央政府拨付的钱导致地方政府支出增加的程度，一般大于本地政府税收增加带来的支出增加程度。也就是说，转移支付容易刺激地方政府支出规模扩张。为什么会是这样？经济学家给出三种解释。第一种解释是"财

① Zhuravskaya E V. Incentives to provide local public goods: fiscal federalism, Russian style. Journal of public economics, 2000, 76 (3): 337-368.

政幻觉"①。由于转移支付资金来自别的地方，地方政府会认为转移支付资金是没有成本的，或者说即使意识到有成本，也会以为成本低于征税带来的经济成本。第二种解释是官员追求"预算权力最大化"的影响②。官员的权力与手里掌握的财政资金相关，官员为了增加自己的权力，不会将转移支付资金用于给当地私人部门减税，而是用于增加公共支出。第三种解释是"利益集团影响"③，利益集团的游说会影响转移支付资金的分配，会促使政府将转移支付资金用于他们所期待的项目上，由此导致政府支出增加。

二、均衡性转移支付的作用：在平衡中寻求激励

根据以上分析，传统理论认为转移支付的作用在于公平，但肯定会降低经济效率。事实真的如此吗？这是一个重要理论问题，对它的回答涉及转移支付的大方向定位。根据吕冰洋、李钊、马光荣的理论和实证研究，转移支付并不意味着降低总体经济效率。在以下两种情况下，以"抽肥补瘦"为特征的转移支付会带动整体经济产出提高。

第一，欠发达地区比发达地区更偏好经济增长。

地方政府有多种发展目标，这些目标大致可归为经济增长与民生水平提高两大类。为推动经济增长，地方政府就要将更多资源用于政府投资或推动民间投资上；为提高民生水平，地方政府就要将更多资源用于教育、医疗、公共卫生、城市治理等。地方政府的资源是有限的，当将资源用于

①　Oates W E. Lump-Sum intergovernmental grants have price effects // Fiscal federalism and grants-in-aid. Washington：The Urban Institute，1979：23 - 30.

②　Filimon R，Romer T，Rosenthal H. Asymmetric information and agenda control：the bases of monopoly power in public spending. Journal of public economics，1982，17（1）：51 - 70.

③　Dougan W R，Kenyon D A. Pressure groups and pubic expenditures：the flypaper effect reconsidered. Economic inquiry，1988，26（1）：159 - 170.

经济性基础设施建设时，会比较有利于经济增长；而用于民生性支出时，会有利于提高居民福利，但是对经济增长的拉动作用可能就会下降。

于是，自然得出一个结论：如果欠发达地区比发达地区更重视经济增长，或者说，发达地区对教育、医疗等民生性支出的偏好更强，那么增加对落后地区的转移支付会带来总体经济的增长。这样，转移支付在平衡地区发展的同时，也具备激励的功能，通过增强落后地区的发展能力，转移支付有助于实现更公平同时更有效率的经济增长。

那么，在什么样的因素影响下，欠发达地区对经济增长的偏好会强于发达地区呢？我认为有两种类型：

一是经济发展进程的影响。在经济发展水平较低的时候，人们会比较关注经济增长，而当经济发展到一定阶段后，人们会更关心养老、医疗、教育等水平的提高，这实际上也是与人民在不同历史阶段的公共需要变化有关。对此，罗斯托提出了财政支出增长的"经济发展阶段论"①。按照此理论，东部发达地区的地方政府会逐渐将资源从推动经济增长转向促进民生水平提高，这样，欠发达地区对经济增长的偏好就会高于发达地区。

二是干部考核制度的影响。地方政府官员与企业家、居民不同，较少受先天的偏好影响，他们的偏好来自官员任免和考核制度。在"上下相维"的治理结构中，上级政府可以通过干部考核制度进行官员政绩评价，也就是影响官员的施政偏好。现实中，为缩小地区经济差距，中央政府可以对不同地区的干部政绩考核实行区别对待，如对欠发达地区干部更重视他们在推动经济增长方面的表现，对发达地区干部更重视他们在推动民生

---

① Rostow W W. Politics and the stages of growth. Cambridge：Cambridge University Press，1971.

发展方面的表现。

那么，在实践中，上级政府是否真的可以设计下级政府差异化偏好来引导政府支出方向呢？根据公开文件，我国部分省份的确会根据地区发展程度采取差异化的考核办法，比如，贵州省 2013 年测评市县经济发展情况时区分了"经济强县"和"非经济强县"，其中"经济强县"的地区生产总值增速指标、固定资产投资增速指标、工业增加值增速指标的权重设置要低于"非经济强县"。2014 年贵州省进一步将测评单位分成了"经济强县"、"非经济强县"和"国家扶贫开发工作重点县"三类，其中"非经济强县"的部分经济考核指标权重最高，而"国家扶贫开发工作重点县"更侧重于高效农业或生态产业考核指标。2015 年河南省在第一产业增加值比重较高的地区赋予了固定资产投资总额及增速指标更高的权重。换言之，在发展经济还是改善民生、优先发展第二产业还是第三产业这些问题上，各地方政府自身是没有先天偏好的，但是地方政府在考核制度的激励下，会更有动机去完成权重更高的考核指标。因此各级政府的行动偏好可以由考核体制来引导和实现，这就在一定程度上构成了一般性转移支付整体上具有效率一面的制度基础。

第二，欠发达地区整体资本的边际回报率高于发达地区。

根据经济增长理论关于生产函数的设定，经济产出主要由资本、劳动和技术决定，资本和劳动的边际回报率是递减的。如果落后地区的资本产出弹性、人力资本产出弹性高于发达地区，那么从发达地区转移资金到落后地区就会带动整体经济增长。这种情形正像国际经济学理论所讲的，发达国家在资本边际回报递减到一定程度之后，就会将资本流向欠发达国家追求更高的资本回报，在资本流动过程中，发达国家和欠发达国家的经济差距会缩小。当然，现实中区域经济发展情况是千差万别的，在承认东部地区大城市圈仍在相当长时间内存在规模收益递增的可能的同时，也不能否认一些欠发达地区资本回报率高于发达地区的可能。需要进行更深入的实证分析才能回答这个问题，这里只是从理论上分析转移支付是何以能产生全局效率的。

除此之外，传统发展经济学家所强调的"第一推动力"理论也是重要的理论支撑。发展经济学家认为，落后地区发展经济最大的问题在于没有第一推动力，缺乏资本且经济风险较大，要走上发展的道路，一定要有某种推动力量使其超越低水平均衡陷阱这一临界水平，才能使经济发展产生质变。对落后地区来说，中央政府给予的转移支付正是这样的第一推动力。

根据前面分析，可以总结出关于一般性转移支付的理论命题：虽然一般认为转移支付对经济增长存在负向激励效应，但是如果欠发达地区比发达地区更注重经济增长或者资本回报率更高，那么随着转移支付均等化力度的提高，有可能会带来总体经济效率的提升（即经济增长）。

第三节
专项转移支付：偏好错位下的积极均衡策略

传统理论认为，专项转移支付的作用是解决公共物品提供的外部性问题。例如，甲地区交通建设不仅会让甲地区的企业和居民受益，而且会让乙地区的企业和居民受益，此时甲地区财政支出按局部地区边际收益等于边际成本原则来决策就不是最优的，中央政府给甲地区一笔用于交通支出的专项转移支付后，会激励甲地区按全局边际收益来改善交通基础设施。

但是，专项转移支付在中国还有另外的理论逻辑，那就是可以在一定程度上纠正地方政府的偏好错位现象。为说明这点，可以把地方政府的偏好分为两类，由此对应着两类财政支出。一是经济偏好和生产性财政支出，当地方政府比较重视经济发展时，经济发展的主要推动力来自企业产出增加，地方政府会将财政资金用于交通建设之类的经济性支出；二是民生偏好和民生性支出，当地方政府比较重视以教育、医疗等为代表的民生改善时，会将财政资金用于民生支出。

地区发展差距也分为两种：一是经济发展水平差距；二是公共服务差距。中央政府均衡地区发展差距的目标依此也分为两种，不同目标使得中央政府做出的选择也不同。下面分别进行分析。

第一，中央政府目标：缩小地区经济发展水平差距。

中央政府为均衡地区经济发展，可采取以下两种措施：一是加大一般性转移支付的均等化力度；二是加大对欠发达地区政府生产性支出的专项转移支付。

这两种措施的效果有何区别？改变一般性转移支付力度的传导机制是：欠发达地区财政收入增加→用于生产性支出→财政支出发挥正外部性→经济增长。但是，一般性转移支付会产生两个问题：一是前文所讲的逆向激励，经济越发展得到的转移支付越少，地方政府会降低发展经济的动力；二是地方政府有可能不将财政资金用于能够促进经济增长的方向。在这种情况下，一般性转移支付难以产生均衡地区经济差距的效果。

　　与之相比，专项转移支付的好处是，中央政府可以直接限定资金用途，达到拉动欠发达地区经济增长的效果。例如，2000 年《国务院关于实施西部大开发若干政策措施的通知》强调，加大对西部地区的基础设施建设投资力度，在原有基础上增加对西部地区的财政转移支付，特别是专项转移支付方面向这些地区倾斜，同时大型的重点项目也向西部倾斜等，将西部地区建成一个经济繁荣、社会进步的新西部。这样的专项转移支付无疑会大大推动西部地区经济发展。

　　第二，中央政府目标：缩小地区公共服务差距。

　　假如中央政府目标是缩小地区公共服务水平的差距，那么增加一般性转移支付的作用机制对发达地区而言：从发达地区抽走更多资金→发达地区经济发展积极性下降→发达地区经济发展水平下降→税收减少→民生投入减少→发达地区公共服务水平下降。对欠发达地区而言：一般性转移支付资金增加→财政收入增加→如果将资金用于民生投入，那么公共服务水平提高。而增加专项转移支付的作用机制是：提高欠发达地区的民生专项转移支付→欠发达地区民生投入增加→欠发达地区公共服务水平上升。

　　可以看到，专项转移支付的作用机制比较直接，一般性转移支付的作用机制比较间接，我在与合作者的研究中曾用数理模型证明了这一点[①]。并且，一般性转移支付无法解决地方政府偏好错位问题。例如，当地居民期待的是改善医疗条件，而地方政府注重的是政府投资带动经济增长，那么增加一般性转移支付不能及时达到缩小地区公共服务差距的效果。

　　综合以上分析，可以得到关于专项转移支付的理论命题。专项转移支

---

① 吕冰洋，毛捷，马光荣. 分税与转移支付结构：专项转移支付为什么越来越多？. 管理世界，2018，34（4）：25 - 39.

付除了能解决公共物品的外部性问题，也是解决上下级政府间、政府与居民之间的偏好错位问题的手段，相对于一般性转移支付所可能产生的逆向激励而言，专项转移支付可以称为"积极均衡策略"。

第四节

对口支援和干部派遣：国家能力支持下的特殊转移支付

中国解决地区发展不均衡问题时，要考虑的一个问题是，在政府间财力紧缺的时候，怎样才能既节省财政资金又缩小地区发展差距？为解决这个问题，中国创造性地发明了两种制度：对口支援和干部派遣。

一、对口支援：中国特色的横向转移支付

什么是对口支援？石绍宾和樊丽明给出定义："我国现阶段的对口支援是由上级主要是中央政府主导，经济发达地区政府给予边疆民族地区、欠发达地区、特殊困难地区或重大建设工程项目地区的政治、经济、文教科卫等支持，旨在缩小地区差距，促进经济发展，维护民族团结，保持国家稳定。"[1]

---

[1]　石绍宾，樊丽明.对口支援：一种中国式横向转移支付.财政研究，2020（1）：3-12.

对口支援的援助方式至少在新中国成立后不久就已经存在，但直到1979 年才以国家政策的形式正式确定下来。乌兰夫在全国边防工作会议上指出："根据党中央的指示，国家将加强边境地区和少数民族地区的建设……国家还要组织内地省、市，实行对口支援边境地区和少数民族地区。"之后，对口支援被广泛运用到边疆民族地区治理、灾后救援、应对突发重大事件、东西部扶贫协作、重大工程建设、医疗教育公共服务均等化等现代国家建设的方方面面。国内不少学者研究对口支援制度的运作机制时，称它是一种中国式横向转移支付①。

值得注意的是，对口支援既是横向转移支付的一部分，也是国家能力建设的一个组成部分。它的作用有三：一是强化国家认同，"对口支援实践着力于通过边疆的建设和开发强化边疆地区的国家认同"②。二是推动地区间合作，"近年来，对口支援向对口合作发生转向，支援方政府和受援方政府的关系从单向的'政治性馈赠'向双向的'礼尚往来'转变"③。三是强化中央权威，中央政府在对口支援制度中起着绝对主导作用，有助于在全国范围内建立一种政令统一、服从大局的政治秩序。

二、干部派遣：以人为主的转移支付

所谓干部派遣，是指通过行政手段，从发达地区抽调干部到欠发达地区，或者从欠发达地区抽调干部到发达地区，使得欠发达地区能够得到发

---

① 钟晓敏，岳瑛. 论财政纵向转移支付与横向转移支付制度的结合：由汶川地震救助引发的思考. 地方财政研究，2009（5）：26-30.

② 周光辉，王宏伟. 对口支援：破解规模治理负荷的有效制度安排. 学术界，2020（10）：14-32.

③ 郑春勇. 对口支援中的"礼尚往来"现象及其风险研究. 人文杂志，2018（1）：122-128.

达地区的人才支持，并使得发达地区发展经验能够外溢到欠发达地区，从而起到平衡地区发展差距的作用。在教科书中，转移支付指的是资金转移，但是转移支付的本质不在于形式，而是在于这三个特征：国家或中央政府主导；资源的非对等转移；以平衡地区发展为目标。干部派遣完全符合这三个特征，如果将传统的以财力协调为主的转移支付制度称为以财为主的转移支付，那么干部派遣制度可以称得上以人为主的转移支付。它广泛存在于省内、省际、央地之间乃至国企与政府间的援助工程与项目中。

就具体形式而言，干部派遣主要包含于对口支援、领导干部交流任职和一般干部挂职锻炼三种形式之中：一是对口支援，它是人力和物力的横向转移，前面已分析物力转移可以称得上横向转移支付，而干部派遣集中体现在干部的横向流动上；二是领导干部交流任职，包括调任、转任和挂职锻炼三种形式；三是一般干部挂职锻炼，它与领导干部交流任职最大的不同在于，挂职干部还属于派出单位的人员，占用派出单位的编制且一般而言期满后仍回原工作地原单位，而领导干部交流任职则通过调任与转任改变了与原单位的人事关系。

干部派遣在推动区域间协作和发展中的作用虽然难以量化，但它在实践中被证明是行之有效的制度，且被政府一直鼓励和提倡。例如，2006 年8 月，中共中央颁布《党政领导干部交流工作规定》，明确指出干部交流的目的之一是促进经济社会发展，并强调"地区之间的干部交流，重点围绕国家经济社会发展战略和人才战略、地方经济社会发展布局和支柱产业及重大项目建设进行"。再如，2018 年 11 月中共中央和国务院颁布《关于建立更加有效的区域协调发展新机制的意见》，指出："进一步加强扶贫协作双方党政干部和专业技术人员交流，推动人才、资金、技术向贫困地区和

边境地区流动，深化实施携手奔小康行动。""进一步深化东部发达省市与
东北地区对口合作，开展干部挂职交流和系统培训，建设对口合作重点园
区，实现互利共赢。"

对口支援和干部派遣这两种制度背后，是大量干部秉持"打起背包就
走"的精神，离开家乡到陌生地区奉献的事实，这要依托强大的国家组织动
力才能实施。这种制度很难为别的国家所仿效，例如，美国较富的州是加
州，较穷的州是缅因州，美国联邦政府有可能命令加州对口支援缅因州吗？

根据前面的分析，可以总结出关于特殊转移支付的理论命题：对口支
援和干部派遣是两类特殊转移支付，它们在协调区域发展中起着重要作
用，实施前提是国家具有强大的组织动员能力，而这两类制度本身也推动
着国家能力建设。

第五节
转移支付存在的问题与改革方向

一、转移支付制度存在的问题

（一）一般性转移支付存在的问题

近年来，我国对一般性转移支付制度频频进行改革，其规模不断增

加，结构不断优化。从理论及世界各国经验看，一般性转移支付最容易产生的问题是，它按地区经济、财政收入等因素分配资金，这样经济发展水平越低、财政收入越少的地区，得到的一般性转移支付越多，也就是说，它对地方经济和财力建设有逆向激励作用。不过，这是一般性转移支付制度本身的先天缺陷，并不是中国独有的问题。除了这种逆向激励作用，"上下相维"的治理结构对一般性转移支付也产生着不小的影响。

第一，资金支出方向倾向于显示性公共物品。

对于一般性转移支付，地方政府具有资金使用的充分自主权。地方政府在配置资金时，有两个大的支出方向可供选择：一是财政支出有利于显示其政绩，例如，城市改造、GDP 增长等；二是财政支出不能马上显示其政绩，但可有效改善居民福利，例如，中小学教育水平提高、让农民脱贫等。由于政绩评价主要来自上级政府，且任期相对较短，地方官员倾向于将一般性转移支付资金配置到那种容易被观察到且在政绩评价中占有较大比重的公共物品，即显示性公共物品[①]。

第二，省级政府干预影响资金配置效率。

按现行财政体制安排，一般性转移支付仅在中央政府与省级政府间进行划分，中央财政先将转移支付资金拨付到省级财政，省级财政再向地县级财政拨付，这样，省级政府实际上充当了一般性转移支付资金配置的枢纽角色。一般性转移支付的主要作用是均衡地区财力水平，但是从地级和县级政府角度看，它们获得的转移支付资金包含了中央对省以下（含省本级）、省级政府对省以下两部分，这使得地县两级政府往往搞不清楚转移

---

① 吕冰洋.官员行为与财政行为.财政研究，2018（11）：23-27.

支付是来自中央还是省级，甚至统一理解为"从省上下来的"。由于各省财力水平差异较大，在东部富裕省份，省本级政府会比西部省份拿出更多资金用于对下转移支付，这实际上是对中央政府转移支付的均衡效果的一种对冲，整体上降低了一般性转移支付的效果。

（二）专项转移支付存在的问题

专项转移支付的效率损失在于信息不对称导致资金错配。专项转移支付是按项目设计，中央政府严格指定资金用途，地方政府必须依照中央政府的要求，将资金用在事前约定的公共支出上。在中国这样的超大型经济体中，专项转移支付需要经过项目层层申报、资金层层下达、监督层层执行三个关键环节，政府层级多，信息传递链条长，很难避免信息损失或扭曲，最终使得专项转移支付资金错配。

由于上下级政府间存在强烈的信息不对称，下级政府就必须积极向上级政府发送信号，使得上级政府在众多信息中做出有利于增加其专项支付资金的决策。下级政府发送的信号有两种类型。

一是提高信息传递的密度。上级政府面对众多下级政府的众多信息，难以有效地甄别信息真假，以及有效地提取信息。为此，下级政府的策略就是提高信息传递的密度，让自己的信息在信息海洋中凸显出来。一个典型事例是，中国地方政府在争取中央政府各部委专项转移支付资金时，经常派人员到北京主管部门活动，即人们常称的"跑部钱进"现象。

二是简化信息形式。下级政府常用的办法是贴上某种标签，例如"贫困县"，这样会简化信息，让上级政府不用花过多精力来甄别信息。我国几乎每个县（市）头上都贴着一些标签，例如扶贫开发重点县、粮食生产大县、生态建设示范县、"奶牛之乡"、"水稻之乡"、"白瓜子之乡"、"版画之乡"等等。下级政府贴着这些标签，可以有利于吸引上级政府的注意，并争取相应的转移支付资金。

二、"上下相维"治理结构对转移支付的影响

根据前文分析，转移支付制度是嵌入在有中国特色的"上下相维"政府治理结构中的，在运行中可以说是利弊并存。

就一般性转移支付而言，它的好处是可以实行严格的自上而下的考核机制，引导地方公共物品提供方向，进而影响地区均衡发展程度，它的弊端是会存在一定程度的政府偏好错位，由此导致资金配置扭曲。就专项转移支付而言，它可以一定程度上匡补一般性转移支付由政府偏好错位问题所产生的不足，同时，可以根据中央政府均衡目标而实行积极均衡策略，它的弊端是大国多级政府间信息传递链条过长，地区间资金配置偏向发出显示性信号一方。

对口支援和干部派遣是两类特殊的转移支付，依托于国家高效的组织动员能力才能得以实施，本身也是国家能力建设的一部分，但其制度有待规范。值得注意的是，2019 年我国在"一般性转移支付"中增加了"共同财政事权转移支付"这一项，规模达 31 903 亿元，它与理论上带有无条件转移支付性质的一般性转移支付有很大区别，实际上不少是从原来的专项转移支付平移过来的。我认为，由于"上下相维"的治理结构必然使得政府间存在大量交叉事权，与之相关的支出责任归属问题便产生了共同事权转移支付。但同时，交叉事权中所涉及的政府职责较多，政府间难免存在信息不对称现象，政府间事权划分不可能完全清楚，由此可能会产生相应的道德风险问题。但共同事权转移支付是新生事物，其运行效果有待在实

践中进一步观察。

"上下相维"治理结构对中国转移支付制度的影响见表 6 - 1。

表 6 - 1　"上下相维"治理结构对中国转移支付制度的影响

转移支付形式	制度原因或支持	存在问题
一般性转移支付	自上而下的考核机制可以引导地方公共物品提供方向	政府偏好错位导致资金配置偏向显示性公共物品
专项转移支付	可以部分解决政府偏好错位问题，并可实行积极均衡策略	信息传递链条长，地区间资金配置容易偏向发出显示性信号一方
对口支援、干部派遣	高效的组织动员能力有利于人财物的流动，也反过来强化组织动员能力	制度有待规范
共同财政事权转移支付	"上下相维"的治理结构使得政府间必然存在大量交叉事权，由此产生共同财政事权转移支付	交叉事权可能会存在道德风险问题

三、改革方向：分类转移支付

不论是一般性转移支付还是专项转移支付，都为人们所熟知，但是还有一类转移支付——分类转移支付——是应该引起人们注意的。所谓分类转移支付（或称分类拨款），是规定资金使用方向但不指明具体用途的转移支付，其资金用途不被限定于某一具体的公共项目，而是限定在某一大类公共服务（如教育、医疗等），因此资金用途虽有限制但却较为宽泛。与一般性转移支付相比，分类转移支付可以锁定政府支出的大方向；与专项转移支付相比，分类转移支付使得地方政府在资金运用上有更大的自主权。岳希明和蔡萌认为，用途指定较为宽泛且按因素法分配资金的分类转移支付不仅有利于促使地方政府行为与中央政府的治理目标相匹配，并且有助于提高地方政府的治理能力，因而应成为我国专项转移支付制度改革的主要方向①。我赞同这一观点。

三类转移支付的比较见表 6 - 2。

表 6 - 2　三类转移支付比较

分类	性质	功能	分配方法	特点	优点	缺点
一般性转移支付	无条件转移支付	调整地方政府财力水平	因素法	不指定用途，地方政府资金使用自由权大	迅速缩小地区财力差距，弥补地方财力缺口	逆向激励；偏好错位
专项转移支付	有条件转移支付	解决公共物品提供外部性	项目法为主	指定用途，地方政府资金使用自由权小	有利于完成中央具体意图	信息不对称导致资金错配
分类转移支付	有条件转移支付	兼具以上两个功能	因素法与项目法结合	指定较宽用途，地方政府资金使用自由权介于前两者之间	锁定公共物品提供的大致方向	

实际上，分类转移支付在我国已经有广泛的应用。在 2019 年转移支付口径调整之前，中央政府对一般性转移支付的分类与统计中，有好几类转移支付的性质就属于分类转移支付，比如说：城乡义务教育补助经费，限定资金用途为教育；成品油税费改革转移支付，限定资金主要用途为交通；基层公检法司转移支付，限定资金用途为公检法司；基本养老金转移支付，限定资金用途为养老保障；城乡居民医疗保险转移支付，限定资金用途为医疗保险。2019 年转移支付口径有了非常大的调整，取消了以上口径，但仔细观察 2019 年在"一般性转移支付"条目下设的"共同财政事权转移支付"，其中有小部分有分类转移支付的性质，如基本养老金转移支付、城乡居民基本医疗保险补助。但是"共同财政事权转移支付"更多

---

① 岳希明，蔡萌. 现代财政制度中的转移支付改革方向. 中国人民大学学报，2014，28（5）：20—26.

地属于专项转移支付性质,如与教育相关的转移支付就有 5 项,与农业发展相关的转移支付也有 5 项。如果进行分类转移支付管理的话,应该仅设"教育类""农业类"转移支付一项,地方政府将资金限定于教育或农业用途下,具有高度自主权。如果上级政府希望严格锁定地方财政支出方向,那么可以通过完善政绩考核办法或专项转移支付来解决。

不过,由于理论界缺乏对分类转移支付的深入分析,这导致了实践中分类转移支付身份不明的问题。因此,建议财政转移支付预算口径中,单列"分类转移支付"一项,使其与一般性转移支付和专项转移支付区分开来,这样可以正本清源,既便于理论分析,也便于实践操作。

第六节

结 论

中国转移支付制度建设依托"上下相维"的政府治理结构,在实践中产生不少创造性的做法。"上下相维"的治理结构一方面使得政府具有强大的组织动员能力,另一方面可以通过自上而下的考核来引导财政资金使用方向。由于这两种特点,中国转移支付制度体系具有浓郁的中国特色,其中隐含着转移支付理论的创新。主要结论为:

第一,一般性转移支付虽然存在逆向激励,但是在一定条件下,从整体上看未必会降低经济效率。这种条件，一是欠发达地区资本边际回报率高于发达地区；二是欠发达地区政府对经济增长的偏好高于发达地区，而这种偏好可以通过干部考核制度加以引导。依靠干部考核制度的支持，可以在一定程度上回答"怎样在平衡地区发展中避免转移支付的效率损失"的问题。

第二，自上而下的治理体制，可能出现地方政府与辖区居民间的偏好错位问题，专项转移支付是能够较快解决地方政府偏好错位的重要制度安排，它会锁定政府支出和公共物品提供的方向，改变欠发达地区基础设施或公共服务供给状况，可以称为"积极均衡策略"。

第三，我国实行两类特殊转移支付：对口支援和干部派遣。这两类转移支付既需要依托国家强大的组织动员能力来实施，而其本身也是国家能力建设的组成部分。这两类特殊转移支付回答了"怎样才能既节省财力又实现平衡地区发展目标"的问题，是国家组织动员能力在协调区域发展问题上的运用。

第四，"上下相维"的治理结构对转移支付制度也会产生不利影响。就一般性转移支付而言，政府偏好错位导致资金配置偏向显示性公共物品；就专项转移支付制度而言，多层级政府间信息传递链条长，地区间资金配置偏向发出显示性信号一方；就共同事权转移支付而言，交叉事权可能会存在道德风险问题。

第五，"上下相维"治理结构中，分类转移支付可以兼顾调动地方积极性与解决政府偏好错位问题，应该在一般性转移支付和专项转移支付口径之外，单独列一个"分类转移支付"口径，并扩大其规模。

第七章

税收制度演变逻辑与改革方向：从嵌入经济到嵌入社会

税收制度的两个嵌入与两个匹配

新中国的成立，是中国历史上极具划时代意义的重大事件。回望新中国成立以来这 70 多年的历史道路，我国经历了从站起来、富起来到强起来的伟大飞跃，税收事业伴随着社会主义现代化建设而不断发展，取得了非常大的成就。新中国成立之初，我国税收制度并不统一，国家与企业之间的分配关系并不明确，到现在我国初步建立了适应中国特色社会主义市场经济体制的税收制度，财政收入的规范化程度显著提高。

如此显著的税收事业发展成就，不仅与国家经济社会的快速发展息息相关，更与税收制度的不断改革密不可分。税收制度改革要遵循一定的逻辑，这个逻辑是什么呢？那就是，在现代国家，税收制度必须要嵌入到社会和经济的肌体之中，即做到"两个嵌入"。

一是嵌入社会。税收嵌入社会，不仅可以增强政府对社会的掌控力度，也有利于激发纳税人的权利意识，包括纳税人关心征税的公正性、合理性，关心税款的使用，希望政府的预算公开透明，希望政府支出更多倾听社会的声音，这实际上就是国家与社会、政府与民众深入互动的过程，也是现代国家构建所经历的过程。嵌入社会的形式有三种：第一,提高居民纳税占比,如提高个人所得税、房地产税比重。第二,税收体现受益性原则。所谓受益性原则,是指税收要与政府为居民提供的公共服务密切相关,符合受益性原则的税收就是受益税,它的典型代表是房地产税,个人所得税和一般性消费税(或称零售税,我国消费税属于选择性消费税,不属此类)也具有受益税的性质①。第三,税收鼓励慈善社会组织发展,例如对慈善社会组织实行税收抵扣、减免等税收优惠政策。

二是嵌入经济。税收来自经济,税收必须嵌入各种税源才能实现筹集财政收入目标。税收嵌入经济的形式有两种:第一,以直接税形式嵌入。这种形式以所得或财富为依托,进一步可以分为嵌入企业所得和嵌入居民所得与财富,前者对应企业所得税,后者对应个人所得税与房地产税等,并且后者嵌入社会的程度较高。第二,以间接税形式嵌入。这种形式以价格为依托,高培勇形象地称其为"价格'通道'税"②。这种嵌入进一步可以分为以显著性弱的税收形式嵌入和以显著性强的税收形式嵌入,对税收转嫁与税收受益性的影响有很大差异(参见本章第四节分析)。

从新中国税收70多年的发展来看,税收制度始终嵌入在社会和经济之中,随着税收制度的不断变革,嵌入程度和主要对象也在不断变化。那么,驱动税收制度变革的动力是什么?那就是税收制度要做到"两个匹配"。

一是匹配国家发展目标。有什么样的国家发展目标,就有什么样的税

---

① Bird R M, Gendron P P. CVAT, VIVAT, and dual VAT: vertical "sharing" and interstate trade. International tax public finance, 2000, 7 (6): 753-761.

② 高培勇. 论完善税收制度的新阶段. 经济研究, 2015, 50 (2): 4-15.

收制度。早在古代封建社会，政府强调重农抑商原则，为此，国家通过重征商税来抑制商业，而在农业税上税负则相对较轻。新中国成立以来，伴随着国家工业化和现代化建设，税收围绕经济增长这一国家目标展开改革；后来随着社会主义市场经济的建立、完善和发展，我国开始关注协调发展，关注国家治理，相应地，税收的目标则转变为抑制负外部性，推动国家治理。

二是匹配税源基础。税收作为筹集财政收入的最重要、最主要的政策工具，若想实现经济学家哥尔柏所说的"拔最多的鹅毛，听最少的鹅叫"，就必须根植于国家经济社会发展环境，从实际情况出发匹配税源基础。早在古代封建社会，农业是最主要的经济形式，堪称"立国之本"，因而这时候的税收以农业税为主。新中国成立以来，随着工商业的发展，农业在国民经济中的比重越来越小，工商业的比重越来越大，因而工商税逐步取代农业税，成为税收的主体；后来随着人民收入的提高、财富的积累，个人所得税、财产税等直接税比重逐步加大。

概括而言，从税收制度改革70多年的历史轨迹中，可以发现、总结和提炼出一条至关重要的线索和规律，那就是：我国税收制度改革所遵循的逻辑是从嵌入单位这一特殊历史背景下的经济社会复合体，到嵌入企业以最有效方式汲取税源，再到深化嵌入社会的程度以适应国家治理现代化的要求。站在新的历史节点上，未来应当继续推动建立现代税收制度，继续深化税收嵌入社会的程度。

| 第二节 |

1949—1978 年税收制度特点：嵌入单位

一、国家发展目标与税源基础

（一）国家发展目标

新中国成立之初，为了迅速改变一穷二白的局面，实现经济起飞，开始进行社会主义经济建设，这意味着在此后相当长的一段时间内，国家发展目标是恢复和发展经济、促进经济增长。推动经济增长应主要从哪里入手呢？在当时的背景下，实现国家工业化几乎是发展经济、摆脱贫穷的代名词。为此，我国围绕重工业优先的发展战略[①]，开始进行社会主义工业化建设，不断推进工商业国有化和农业集体化，使国有经济获得迅猛提高，很快处于国民经济的支柱地位。

（二）税源基础

新中国成立之初，各地税政极不一致，农业部门是财政收入的最大

---

① 林毅夫，蔡昉，李周. 中国的奇迹：发展战略与经济改革. 增订版. 上海：格致出版社，上海三联书店，上海人民出版社，2014.

贡献部门，工商业部门的贡献比重相比于国家的工业化建设则显得十分不足。伴随着国家的工业化建设，国民经济中工业占比不断增加。受计划经济体制和国有化改革的影响，在工业企业中，国企是最主要的经济类型，因此，国企也就自然成为财政收入和工商税收的主要贡献者。例如，1960 年，国有经济贡献了 92.0％的国家财政收入和 89.7％的工商税收。

在当时的指令性计划经济体制下，企业虽然名称上叫作企业，但实际上并不是现代经济意义上的经济主体，国家对国企实行直接计划管理，这导致企业缺少经营自主权，成为国家行政组织的延伸和国家对社会进行直接行政管理的基本环节①。根据对社会主义原则的传统理解，在国营经济中就业的劳动者是社会财富的直接主人而不是雇员，因此人们一进入国营企业就业，便享受到工资、福利和保险等一整套涵盖生老病死全部内容的保障，就业者的权利要在企业中实现，而企业则代表国家对其负起生老病死的无限义务。国营、集体企业作为指令性计划经济体制下的特殊细胞，是集生产、分配、消费、生活等各种经济—社会功能于一体的特殊组织，社会学界将其称为单位②。单位不仅需要上缴税收和利润，还要以企业收入全面负担着职工的教育、医疗、住房、社保等一切生老病死支出。

因此，在计划经济时期我国税源主要来自单位，在特殊的历史背景下，单位同时体现出嵌入经济和嵌入社会两方面特征。

---

① Lu F. The origins and formation of the unit（danwei）system. Chinese sociology and anthropology，1993，25（3）：1ff.

② 路风. 单位：一种特殊的社会组织形式. 中国社会科学，1989（1）：71–88；李猛，周飞舟，李康. 单位：制度化组织的内部机制. 中国社会科学季刊（香港），1996（16）.

二、税制改革：统一税政、简化税制

综上分析，在此时期税收制度改革要匹配两个历史条件：一是国家发展目标是推动经济增长；二是税源主要来自单位。为此，税收制度的目标是统一税政、建立新税制，并且还要简化工商税制。

（一）统一全国税政，建立新税制

1949 年，首届全国税务会议确定要增加税收、统一税政、简化税制、合理负担。随后，1950 年，政务院规定全国统一征收货物税、工商业税等14 个税种，全国统一的新的税收制度由此建立。

（二）修正、简化工商税制

为了适应各时期政治、经济的需要，我国对税收制度进行了一次修正和两次简化。具体是：1953 年，修正税制，开征商品流通税，取消特种消费行为税，并按税目分别并入营业税和新增的文化娱乐税，此外，还调整了营业税、货物税等税种；1958 年，在基本保持原有税负的基础上简化工商税制，将货物税、商品流通税、营业税和印花税四个税种合并简化为工商统一税，原有工商业税中的所得部分单独形成工商所得税；1973 年，再次简化工商税制，把工商统一税及其附加盐税，以及对企业征收的城市房地产税、车船使用牌照税、屠宰税合并为工商税（盐税作为工商税的一个税目，仍按原制度执行），从而，对国营企业仅征工商税，对集体企业仅征工商税和工商所得税，而工商统一税只对外商投资企业征收，城市房地产税、车船使用牌照税、屠宰税只对个人、外侨和极少数单位征收。

三、税制特点与改革效果

随着税制改革的简化，税收的作用开始弱化，单位利润上缴占财政收入的比重逐步增加，并超过税收收入占比。1950 年，各项税收、企业收入占比分别为 75.1％、13.3％，到 1978 年分别变为 46.3％、51.0％。在各项税收中，工商税收的比重从 1950 年的 48.2％提高到 1978 年的 87％。而在工商税收中，国有经济和集体经济的比重分别从 1950 年的 31.2％、0.7％上升到 1978 年的 74.5％、24.8％（见图 7 - 1）。可见，这一时期的国家财政收入和税收收入主要来自单位的利润和税收。因此，这一阶段的税制特征为嵌入单位。

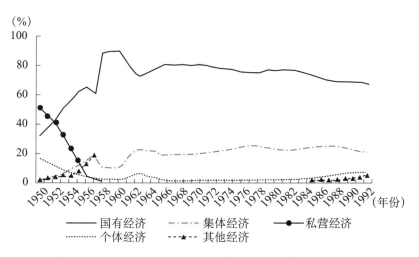

图 7 - 1 新中国成立以来工商税收分经济类型收入所占比重

资料来源：中国税务年鉴 1993. 北京：中国税务出版社，1994.

在这一特殊的历史背景下，单位除了缴纳税收，还要上缴利润，并成为财政收入的最主要来源，而且还要以企业收入全面负担职工的教育、医疗、住房、社保等一切生老病死支出，体现出典型的"自产自支"特征，这一时期的国家可以称为"自产国家"①，这与现代以税收收入为公共财政收入主要来源的"税收国家"相对立。因此可以说，这一时期的税收主要通过嵌入单位形式实现嵌入经济和嵌入社会，与现代国家构建中的嵌入社会有很大区别。当中国实现市场化改革及国家治理目标转变时，单位制逐渐解体，通过改革税制来实现新的嵌入经济和嵌入社会形式，就是必然的历史选择了。

‖ 第三节 ‖

1978—2013 年税收制度特点：嵌入企业

一、国家发展目标与税源基础

（一）国家发展目标

1978 年，党的十一届三中全会确立了要把全党工作的着重点从阶级斗争转移到社会主义现代化建设上来，然而当时计划经济体制下最大的问题是经济管理体制僵化，企业经营积极性不足，为此，改革随后主要从改革

---

① Campbell J L. An institutional analysis of fiscal reform in post-communist Europe. Theory and society, 1996, 25 (1): 45-84.

经济管理体制和经营管理方法入手，例如，1984 年，党的十二届三中全会提出对内搞活经济、对外实行开放的方针，加快以城市为重点的整个经济体制改革，并将增强企业活力，特别是增强全民所有制的大、中型企业的活力，作为改革的中心环节。后来，党的十四大明确提出改革的总目标是建立社会主义市场经济体制。但是，市场经济既是自由的经济，也是对社会冲击力较强的经济。正如波兰尼所指出的："一般而言，经济进步总是以社会混乱为代价的"①。在市场经济的冲击下，我国在经济发展中也产生了一些新的问题和矛盾，如区域发展不平衡，城乡差距和收入差距拉大，生态环境恶化，自然资源浪费，多个领域出现"一条腿长、一条腿短"的失衡现象。因此，国家发展目标逐渐从推动经济增长转向推动经济社会协调发展。这集中体现在 2007 年党的十七大报告上提出的"科学发展观"上，强调以人为本，树立全面、协调、可持续的发展观，促进经济社会和人的全面发展。

（二）税源基础

改革开放初期，工业部门、单位（国企）成为财政收入和工商税收的主要贡献者，并且由于国家和企业之间的分配关系还没有完全理顺，财政收入中还有相当一部分来自单位上缴的利润。随着改革的推进，一方面，中国不断提高对外贸易和外资利用程度，外商投资企业等典型现代经济企业主体开始在中国出现；另一方面，国有企业的功能和经营机制也开始发生变化，其所承担的大量社会功能（社保、医疗、教育、住房等）被逐步

---

① 波兰尼. 大转型：我们时代的政治与经济起源. 冯钢，刘阳，译. 杭州：浙江人民出版社，2007：38.

剥离，而其作为企业组织和经济组织的属性则不断强化，国有企业逐步由全面负担着经济—社会功能的单位组织向真正的现代企业组织转化。1993年后，我国进入社会主义市场经济体制的建立和完善阶段，国企改革开始取得成效，国企的企业属性更加强化，社会功能基本完全剥离，已经不是原来的单位组织，同时，我国已经摆脱了原来几乎单靠国企的局面，形成了以公有制为主体、多种经济成分共同发展的经济新格局，企业作为市场经济中经济活动真正主体的地位得以建立。另外，经济发展使得居民收入水平较大提高，这为对居民征税创造了条件。

二、税制改革：调动企业积极性与推动社会主义市场经济体制建立和完善

综上分析，在此时期税收制度改革要匹配两个历史条件：一是国家发展目标从推动经济增长，逐渐转向落实科学发展观、推动经济社会协调发展；二是税源基础从集中在国有企业部门，逐渐转向多种经济成分，国有企业逐步由全面负担经济—社会功能的单位组织向真正的现代企业组织转化，并且随着社会主义市场经济体制的建立和完善，这一转化最终得以实现，企业作为市场经济中经济活动真正主体的地位得以建立。为此，税收制度的目标是在保障国家财政收入的同时，先是通过调动企业积极性来推动经济增长，后是适应建立和完善社会主义市场经济体制要求，鼓励要素和商品流动和充分竞争，抑制市场经济产生的负外部性。为实现这一税制改革目标，税收制度的嵌入对象就要从单位逐步转向真正的企业。

鉴于1994年的特殊历史时期以及之后国企的社会功能基本剥离，可以将这一阶段进一步分为1978—1994年和1994—2013年两个小阶段。

（一）1978—1994 年的税制改革：调动企业积极性

这一时期的税制改革围绕建立涉外税制，调动企业特别是国有企业的积极性，激发企业活力而展开，主要有两个方面：

一是建立涉外税制。1978 年，为了配合对外开放的政策、完善对外投资环境以及更好地吸引外资、发展经济，我国建立涉外税制，解决对外征税问题。在所得税方面，通过法律形式明确中外合资经营企业、外国企业、外籍人员的所得税；在流转税方面，对中外合资经营企业、外国企业继续征收工商统一税；在财产税方面，对外商投资企业、外国企业和外籍人员恢复征收城市房地产税和车船使用牌照税。

二是两步利改税。为了调动企业积极性，激发企业活力，我国在 1983 年和 1985 年对国营企业实行利改税改革，即由上缴利润改为缴纳税款，税后利润由企业自行支配。通过改革，将国家和企业的分配关系通过税收的形式固定了下来，税收收入规模和增速以及占财政收入的比重显著增加。

这一阶段的改革，激发了企业的活力，调动了企业的积极性，使我国国内生产总值不断提高，但是过度地简化税制、"放权让利"、"藏富于企业"，导致中央财政收入占全国财政收入比重降低，以及全国财政收入占GDP 比重降低，即"两个比重"降低。由于中央财政收入严重不足，中央不得不向地方借钱，甚至出现借钱不还的事情，有人更是把中央财政形容为"悬崖边上的中央财政"，一碰就掉，可见中央财政是多么困难。因此，下一阶段的税制改革则需要保障国家财政收入，以最有效的方式汲取税源，并设法提高"两个比重"。

(二)1994—2013年的税制改革:推动社会主义市场经济体制建立和完善

这一时期的税制改革要适应建立和完善社会主义市场经济体制的需要。市场经济的特点是鼓励要素和商品充分流动,鼓励竞争,为此就要实现经济主体间的税负公平,使得市场主体能够进行公平竞争,从而发挥市场提高效率和配置资源的作用。然而,当时企业之间的税负不公严重阻碍了要素、商品的充分流动和企业的公平竞争。为了在保障国家财政收入的同时,鼓励要素和商品流动和充分竞争,抑制市场经济产生的负外部性,我国在统一商品市场和统一要素市场两个方面进行税制改革,并通过两步完成。

第一步,为了适应建立社会主义市场经济体制的需要,我国税制在1994年进行了一次新中国成立以来规模最大、影响最深远的改革。

在统一商品市场方面,主要是全面改革流转税,取消产品税和对外资企业征收的工商统一税,规范增值税(对商品的生产、批发、零售和进口全面实行增值税),增加消费税,调整营业税(改革后营业税的征税范围包括提供劳务、转让无形资产和销售不动产),形成了以增值税为主,消费税、营业税为辅,并且内外统一的流转税制,实现了工业市场的统一以及国内外商品市场的统一。

在统一要素市场方面,主要有两项:一是统一内资企业所得税,取消原来分别设置的国营企业所得税、国营企业调节税、集体企业所得税和私营企业所得税,实现内资企业资本要素市场的统一。二是统一个人所得税,取消原个人收入调节税和城乡个体工商户所得税,调整应税项目和税率,实现劳动要素市场的统一。

此次税制改革初步建立了一套适应社会主义市场经济体制的税收制度

体系，税制结构得以简化和规范，税收调节经济的杠杆作用得以加强，筹集财政收入的功能得以发挥，"两个比重"下滑的局面得以扭转。然而，内外资企业有别的企业所得税制度、工业和服务业企业分别适用不同税种制度（即工业企业缴纳增值税，而服务业企业缴纳营业税）、企业购进的设备等固定资产不能进项税抵扣依然阻碍市场统一，下一步税制仍需在建设统一市场上改革和完善。

第二步，为了适应完善社会主义市场经济体制的需要，我国继续完善税制以助力统一市场目标的实现。

在统一商品市场方面，主要有：

一是增值税转型改革。1994 年我国实行的是生产型增值税，即不允许将企业购进的设备等固定资产用于进项税抵扣，这与当时的经济形势密切相关①。但是随着市场经济的不断深化，生产型增值税的弊端日益显现，它阻碍了生产投入品市场的统一，并产生重复征税、抑制投资等问题。为此，我国从 2004 年开始增值税转型试点，直到 2009 年才正式将机器设备纳入增值税抵扣范围，这意味着增值税由生产型增值税向消费型增值税迈进了一大步，它统一了设备投资与原材料市场的税负，推动了生产投入品市场（不包括建筑品）的统一。

二是进行"营改增"改革。改革前，工业企业需要缴纳增值税，服务业企业缴纳营业税，这阻碍了服务业和工业市场的统一，为此，我国从 2012 年开展"营改增"试点，直至 2016 年 5 月 1 日全面推开，最终实现了服务业与工业市场的税负统一。

---

① 当时通货膨胀非常严重，且"两个比重"下滑得非常厉害，为了抑制固定资产投资和通货膨胀，且筹集较多财政收入，我国实行生产型增值税。

在统一要素市场方面,主要是企业所得税"两法合并"改革。改革开放以来,我国为吸引外资、扩大开放,一直实行内外资企业有别的企业所得税制度,对外资企业有较大的税收优惠,但是随着我国加入世界贸易组织,内外资企业有别的企业所得税制度严重阻碍了企业的公平竞争,不利于产业结构调整和优化发展,于是我国在 2008 年开始实行内资企业和外资企业的企业所得税税法合并,简称"两法合并",使得内资企业和外资企业的税收待遇差别消失,从而有利于企业间进行公平竞争,实现了内外资企业资本要素市场的统一。

三、税制特点与改革效果

1978—1994 年的税制改革主要是建立涉外税制和两步利改税,涉外税制实现了税收嵌入外资企业,两步利改税将国企原来上缴国家的利润改为税收,国企仍是财政收入和税收收入的主要贡献者。随着国企改革的推进,国企逐步由全面负担经济—社会功能的单位组织向真正的现代企业组织转化,相应地,税收也逐步由嵌入单位向嵌入企业——重要经济主体——转化。在1994 年之前,企业主要上缴利润和所得税,税收主要依托利润和所得以直接税形式嵌入经济。1994 年之后,企业主要上缴增值税、营业税、消费税等,税收主要依托价格通道以间接税形式嵌入经济。另外,个人所得税的开征,使得税收实现新的嵌入社会形式,这也是现代国家嵌入社会的主要形式,只不过嵌入社会的程度还很低。同时,据前所述,1994 年后税制改革有力地推动了商品市场和要素市场的统一(见图 7 - 2)。

但是,1994 年实行的分税制财政管理体制在激发地方政府积极性的同时,也引发了地方激烈的竞争,各地为了取得竞争优势,纷纷变相进行税收优惠、干预税收征管、制造税收洼地，扰乱市场秩序，导致地方市场分割，妨碍统一大市场的形成，降低税收嵌入经济、调节经济的效果，也不利于经济结构优化和科学发展，这些问题需要在下一步税制改革中设法解决。

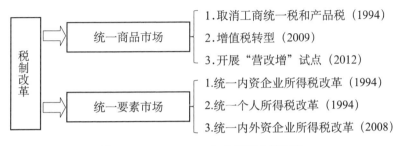

图 7 - 2　1994—2013 年的税制改革逻辑

｜第四节｜

2013 年后的税制改革：迈向嵌入社会

一、国家发展目标与税源基础

（一）国家发展目标

2013 年十八届三中全会提出："全面深化改革的总目标是完善和发展中国特色社会主义制度，推进国家治理体系和治理能力现代化。"这意味着改革总目标从建立和完善社会主义市场经济体制转向推进国家治理体系和治理能力现代化。

（二）税源基础

经过三十几年社会主义市场经济的建立和完善，我国第三产业迅猛发展，基本达到第二产业比重，对税收收入的贡献度也超过了 50%，第二、三产业增加值占比达到 90%，并几乎贡献全部税收收入。更为重要的是，人民收入有了巨大的提高，以房产为代表的财富有了更多的增长，国民收入逐渐向再分配和财富积累环节转移，从企业生产转向居民家庭的收入和财富，这为提高税收嵌入社会程度奠定了良好的基础。

二、税制改革：推动国家治理体系和治理能力现代化

这一阶段的国家目标是国家治理，国家治理的核心是经济治理、社会治理与政治治理。2013 年之前的税收事业发展，注重在经济治理上，使得税收嵌入经济的程度较高，而在 2013 年之后的新时代下，税收事业发展更加注重兼顾社会治理，提高税收嵌入社会的程度。

一是激发经济活力。主要的改革是：不断推进"营改增"改革，直到 2016 年 5 月 1 日全面推开，部分推动了服务业和工业市场的税负统一，促进了专业化分工、产业结构调整和现代服务业的发展；实施减税降费政策，如对增值税实行简并和降低税率，以应对经济下行压力。

二是注重社会治理。主要的改革是：落实税收法定原则，加快税收立法步伐，先后通过了《环境保护税法》《烟叶税法》《船舶吨税法》，且先后修订了《企业所得税法》和《个人所得税法》，对其他税种的立法也在加速进行中；2018 年的个人所得税改革，建立起综合与分类相结合的征税模式，这是自个税开征以来首次实行综合征收，也是其自"九五"计划提

出以来最终实现。纳税人由被动地受代扣代缴管理到主动纳税，有利于激发纳税人的纳税意识，税收向嵌入家庭这一社会细胞迈出了一大步。

应当说，税收制度在推动国家治理中不断完善，特别是更加注重参与到社会治理之中，虽然税收向嵌入家庭迈出了一大步，但是嵌入社会的程度仍然较低。下一步应该继续建立现代税收制度，不断深化税收嵌入社会的程度，对于改革方向和具体措施应该从当前税制结构中的问题入手。

三、当前税制结构的问题

在中国现行的税收收入中，共有 17 个税种，图 7 - 3 展示了 2020 年我国各税种的税收收入占全国税收收入的比重情况。增值税是我国第一大税种，税收收入占比远高于其他税种，企业所得税是我国第二大税种，其次是消费税、个人所得税，仅这四个税种的税收收入就在我国 17 个税种的税收收入中占 75.7%。这种税制结构存在什么问题？我认为，我国的税制结构嵌入社会程度不足，不能适应国家治理能力要求，也不能适应税源基础的变化。下面我从国民收入循环角度剖析我国税制结构的问题，并进行国际比较。

从国民收入循环角度分析，国民收入循环可以分为生产、再分配、使用和积累四个环节，与之相对应，税制结构可以分为生产税、所得税、消费税和财产税。根据这一税制结构分类方法，我对我国征收的各税种进行分类，并与几个代表性发达国家进行比较[①]。

比较的结果见图 7 - 4。可以看出，中国的税制结构中，62.1% 属于生产税，30.5% 属于所得税，6.9% 属于消费税，0.5% 属于财产税；而美国

---

① 吕冰洋. 税制结构理论的重构：从国民收入循环出发. 税务研究，2017 (8)：5-13.

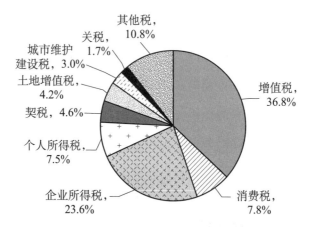

图 7 - 3　2020 年我国各税种收入占全国税收收入的比重

资料来源：中经网统计数据库。

的税制结构中，生产税占比为 0，59.4％属于所得税，20.6％属于消费税，
20.0％属于财产税；英国、德国、法国、日本和加拿大等国的税制结构，
在生产环节征税均较低，在再分配环节征税较多，在使用和积累环节的征
税比例也远远高于中国。

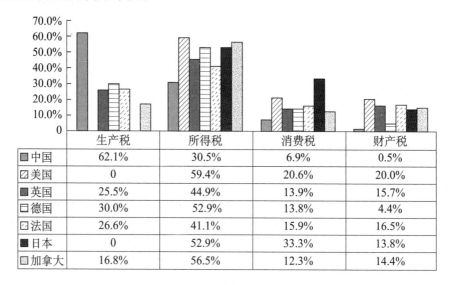

	生产税	所得税	消费税	财产税
中国	62.1%	30.5%	6.9%	0.5%
美国	0	59.4%	20.6%	20.0%
英国	25.5%	44.9%	13.9%	15.7%
德国	30.0%	52.9%	13.8%	4.4%
法国	26.6%	41.1%	15.9%	16.5%
日本	0	52.9%	33.3%	13.8%
加拿大	16.8%	56.5%	12.3%	14.4%

图 7 - 4　2017 年中国和典型 OECD 国家税制结构的比较

资料来源：中经网统计数据库和 OECD 网站。

　　通过比较可知，我国税制结构中的问题是：税收集中在生产环节征收，而在再分配环节和积累环节征收过少；主要纳税人是企业，而对居民征税过少。然而，不同国家有其特殊的历史进程[①]，不能随意选择税制结构，不能简单机械地通过国家之间税制结构的对比来发现我国税制结构的问题，还需通过理论来进行剖析。从理论上讲，生产环节纳税人为企业，再分配环节的税收以企业所得税为主，从而纳税人也主要是企业，积累环节的纳税人是居民。在生产环节，纳税人是企业，税收主要作用于商品和服务的价格，居民很难感知到税收的存在，从而税收显著性较弱[②]，但是企业可以通过提高商品和服务价格、压低工人工资等多种形式将税收转嫁出去，税收调节收入分配的作用较弱，受益性特征也不明显。在再分配环节，税收主要是企业所得税和个人所得税，个人所得税与公共服务密切相关，从而体现的受益性特征较明显，其调节收入分配的作用也较强。在积累环节，纳税人主要是居民，居民较容易感知到税收存在，税收显著性较强，税收转嫁较困难，调节收入分配的作用较强，由于纳税人享受到的公共服务与其所缴纳的税收密切相关，从而税收受益性也较强。因此，从调节收入分配的作用和税收受益性来看，我国税制结构中的问题确实是：税收集中在生产环节征收，而在再分配环节和积累环节征收过少；主要纳税人是企业，而对居民征税过少。这一问题导致税收嵌入社会的程度过低，

---

　　① 当然，我国形成这样的税制结构是有其历史原因的。从新中国成立开始，我国财政收入主要就来自企业，企业既要上缴税收，也要上缴利润，对自然人征税几乎没有。改革开放后，才对自然人逐渐开征个人收入调节税、个人所得税等税种，但是由于纳税人纳税意识不强、税务部门信息处理能力不足、征管成本高等多方面原因，我国自然人纳税占比一直较低。而在生产环节征税，税收核算方式简单，税收征管效率较高，能在很大程度上满足政府筹集财政收入的需要，这进一步导致政府在征税问题上形成路径依赖。

　　② 税收显著性（tax salience）是指税收对纳税人的易见程度。在税收显著性理论中，税收显著性越强，税收一般越难转嫁。

从而使得政府掌握的自然人信息有限，不利于政府的社会治理，也不利于提供社会保护和进行社会控制。2018 年我国个人所得税仅占全国税收收入的 8.9%，这已是自 1999 年个人所得税开征以来占全国税收收入的最高比重，而财产税则近似于无。可以说，当前我国税制结构形格势禁、非改不可。

四、未来建立现代税收制度的改革方向和具体措施

（一）改革方向：在保持税收嵌入广泛经济基础的同时，深化税收嵌入社会的程度，以实现建设"共识性强政府"的国家治理目标

熊彼特指出："只有建立在最广泛政治基础上的强势政府、能让公众感受到具有真正权力与领导能力的政府，才敢于去尝试克服遇到的一切障碍。"[1] 阿西莫格鲁通过理论模型证明了经济中存在"共识性强政府"这一均衡状态，他认为 OECD 国家正处于这种均衡状态。从世界各国人均 GDP 与宏观税负的关系来看，强大国家的宏观税负普遍偏高，而弱小的国家往往征税能力有限（见图 7-5）。

为了实现建设"共识性强政府"的国家治理目标，税制改革应如何突破呢？应在保持税收嵌入广泛经济基础的同时，深化税收嵌入社会的程度。税收嵌入社会具有以下四个方面的重要意义：

一是稳定社会秩序。随着互联网的发展，现代化、信息化和智能化水

---

① Schumpeter J A. The economics and sociology of capitalism. Princeton：Princeton University Press，1918.

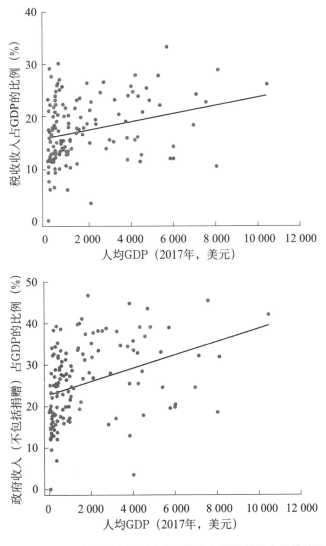

图 7 - 5 2017 年世界主要国家宏观税负与经济发展水平的关系

资料来源：http://stats.oecd.org.

平不断提高，破坏社会秩序和稳定的因素不断增加、手段不断升级。网络
诈骗、高科技盗刷、金融犯罪、权力寻租、贪污腐败等案件时有发生，加
大了社会治理的难度。与此同时，数字经济为税收征管现代化提供了强大

的支撑，为征税的主体聚焦为自然人带来了重要的机遇①。倘若政府掌握了居民和家庭这一社会细胞的信息，那么社会治理的难度便会降低，社会便会更加有序。熊彼特指出，"税收好像一柄把手，社会力量可以握住它，从而变革社会结构"②，因此税收是政府掌握居民和家庭信息的一个重要手段。然而目前，我国税收90％来自企业，而来自个人的税收不足10％。因此，未来可通过将税收嵌入家庭稳定社会秩序。

二是激发社会活力。社会治理的目标是使得社会既要有秩序，又要有活力。通过将税收嵌入家庭可以稳定社会秩序，而将税收优惠适当作用于社会组织，则可以激发社会组织的活力③。例如，对社会组织或个人的捐赠行为实行抵扣、减免税等税收优惠政策，可以在一定程度上鼓励慈善组织或个人的捐赠行为和慈善机构发展，促进要素流动、优化资源配置、激发社会活力。然而目前，我国税收优惠政策主要是为推动经济增长而作用于企业，对社会组织的作用程度十分有限。因此，未来可通过适当增加对慈善等相关良性社会组织的税收优惠政策来激发社会活力。

三是促进社会公平。普遍认为，税收可以通过直接税调节收入分配从而促进社会公平。实际上，税收促进社会公平的手段远非如此，通过促进税负公平也可以促进社会公平。目前，地方市场分割造成了各纳税主体税负不公，影响了社会公平。因此，未来不仅可以通过增加直接税比重促进社会公平，也可以通过清理、整顿不合理的税收优惠，营造平等公平的竞争环境来促进社会公平。

---

① 张斌. 数字经济对税收的影响：挑战与机遇. 国际税收，2016（6）：30-32.

② Schumpeter J A. The economics and sociology of capitalism. Princeton：Princeton University Press，1918.

③ 吕冰洋. 论推动国家治理的税制改革. 税务研究，2015（11）：13-18.

四是激发纳税人权利意识。权利与义务是对等的，纳税人在承担纳税义务的同时，也应享有相应的权利：纳税人有权享受由政府提供的公共物品和服务；纳税人在依法履行纳税义务时也应得到国家法律的确认、保障与承诺，纳税人的权利包括对税款使用的监督权、对税法的知情权等①。刘怡、余向荣认为，公众意识到承担了税收负担后就有权利、动力去约束、监督政府行为，关心税款的使用和公共物品的提供情况②。因此，税收嵌入社会，能够激发纳税人的权利意识，使纳税人关心征税的公正性、合理性，关心税款的使用，希望政府的预算公开透明，希望政府支出更多倾听社会的声音，那么这些权利意识的激发，实际上就是国家与社会、政府与民众一个深入互动的过程，这也是现代国家构建所经历的一个过程。

（二）具体措施

未来税制结构改革、现代税收制度建设可从以下三个方面进行：

一是征税环节下移，将税负转移到国民收入循环的下游环节，适当提高居民和家庭的纳税水平，提高直接税比重。一方面，随着居民收入不断提高、财富不断积累，个人所得税等直接税税种会成为非常具有成长潜力的税种，因此提高直接税比重具备了较强的基础和条件。另一方面，当前为应对经济下行压力，国家正实施更大规模的减税降费政策，减税的对象主要是企业，然而税收减少不利于政府职能的发挥，并且在政府支出中很大一部分属于刚性支出，一时难以压缩和降低，甚至还要提高，这便倒逼提高直接税比重，有效弥补政府为企业减税降负之后的财力缺口，增强税收调节分配和推动社会治理的作用。为此，在具体税种上，可以考虑增值

① 朱青.关于对纳税人权利的一点看法.中国税务，2009（12）：56-57.
② 刘怡，余向荣.现代税收的起源：税收意识的视角.财政研究，2006（2）：67-69.

税、个人所得税、房地产税改革。

对于增值税改革而言，针对增值税这样一种在生产环节征收的商品税，应尽量发挥其中性特点，改革的措施主要包括：简化税率档次，建议让6％档税率向9％档税率靠拢，让服务业和制造业税率更加接近，消除多档增值税带来的高征低扣、低征高扣问题。需要说明的是，从会计核算看，增值税并不是企业经营成本，不影响企业利润核算，改革并不会增加服务业税负。减少不合理、不必要的税收优惠政策，因为在生产环节采用税收优惠政策，会干扰要素、商品价格机制，阻碍要素、商品自由流动，扰乱市场运行和市场秩序。

对于个人所得税改革而言，应重视其筹集财政收入功能，发挥其局部调节而非全局调节功能。通过改革，扩大纳税人数量。个人所得税不仅发挥筹集财政收入的重要作用，而且更为重要的是，通过征收个人所得税，政府能够有效掌握个人这个社会的细胞的收入信息以及个人产生收入的社会活动信息，从而提高社会治理水平。就个人所得税的调节收入分配功能而言，应重视其局部调节功能，即重视其对超高收入人群的收入调节功能，而非看重它全局的调节结果，即对基尼系数的降低作用。具体理由及改革设计参见第十章第四节。

对于房地产税改革而言，应尽快立法、选择性开征。针对居民住房开征房地产税兼具经济意义和社会意义，可以使税收嵌入家庭这一社会细胞，因此应尽快推动房地产税法的出台。对于房产税的开征，应该严格遵循税收法定原则，在房地产税法立法之前要广泛吸取民意，深入调查研究，仔细权衡利弊，统一社会共识，可先将纳税人局限在少数房产较多群体，按中央税设计，然后再逐步过渡到更多有房产居民。本书第十章第四节将提出开征房地产税的方案设计。

二是培育受益性税种。受益性税种是指税收与政府为居民提供的公共服务密切相关的税种，包括房地产税、零售税、个人所得税、社会保障税等。培育受益性税种，有利于政府更好地提供公共服务，促进社会公平，激发社会活力，稳定社会秩序。为此，在具体税种上，可以考虑房地产税、零售税、个人所得税、社会保障税改革。上文已对房地产税和个人所得税改革进行了分析，关于零售税的改革设计参见第十章第二节。

对于社会保障税改革而言，也应适时开征。社会保障计划对调节收入分配具有显著的效果。我国早在1996年的"九五"计划中就已提出开征社会保障税的设想，但一直"裹足不前"，没有开征。目前我国社会保障制度并未实行全国统筹，大多由省一级统筹，地区间缴纳和发放社保基金的标准不同，导致社会保障征缴和发放过程中产生非常强的再排序效应，不利于发挥社保调节收入分配的作用。为了消除这种再排序效应带来的不利影响，等条件成熟，全国应统一开征社会保障税。

三是改革税收优惠制度。税收优惠政策是税收调节经济、引导资源配置、促进结构调整的一个重要杠杆。当前税收优惠政策主要作用于企业，是各地为加大招商引资、刺激经济增长而展开税收竞争所实施的一个重要手段。不合理的税收优惠政策会加大地区税负差距、破坏市场统一、阻碍要素流动、干扰资源的优化配置，对此应当坚决予以清理、整顿。而对于一些有利于激发慈善公益机构等良性社会组织活力的税收优惠政策，目前还相对不足。为了激发社会活力、推动社会治理，未来应当增加对社会组织的税收优惠政策。

结　论

新中国成立 70 多年来，我国税收事业发展取得了极不平凡的成就。本章在剖析国家发展目标和税源基础（即"两个匹配"）的基础上，从经济、社会两个维度（即"两个嵌入"）同时把握税收制度演变的逻辑与规律，将新中国成立 70 多年以来的税制改革分为三个阶段（见图 7 - 6），结论有以下三点：

第一个阶段是 1949—1978 年，税收嵌入单位。在这一阶段，国家发展目标是要迅速改变经济一穷二白局面，推动经济增长。而当时税源现状是经济基础薄弱、居民收入较少、国有经济逐步处于并保持国民经济的支柱地位。为了匹配国家发展目标和税源基础，税收制度围绕统一、简化税制而展开。这一阶段，国家财政收入主要来源于国企，在指令性计划经济体制下，国企成为集生产、分配、消费、生活等各种经济—社会功能于一体的单位组织，因此，我将这一阶段的税制特征总结为嵌入单位，其在特殊的历史背景下，同时体现出嵌入经济和嵌入社会两方面特征。

第二个阶段是 1978—2013 年，税收嵌入企业。在这一阶段，国家发展目标是从推动经济增长逐步变为适应社会主义市场经济体制，并落实科学发展观、实现协调发展。而税源状况是伴随着制造业发展，生产迅速扩

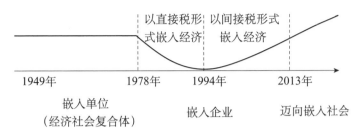

图 7 - 6　中国税制演进逻辑

张，多种经济成分活跃。为此，这一阶段的税制改革分别围绕建立涉外税制、调动企业特别是国有企业的积极性，激发企业活力，建立统一市场、在生产环节保证国家财政收入而展开。在这一阶段，作为经济和社会复合体的单位逐步剥离其承担的社会功能，税收制度逐渐从嵌入单位向嵌入企业转变，其中，1994 年之前税收主要依托利润和所得以直接税形式嵌入经济，1994 年之后税收主要依托价格通道以间接税形式嵌入经济。

第三个阶段是 2013 年之后，税制改革变为推动税收嵌入社会程度。在这一阶段，国家发展目标是推进国家治理体系和治理能力现代化，税源基础是国民收入逐渐向再分配和财富积累环节转移，从企业生产转向居民家庭的收入和财富。为此，税制改革围绕激发经济活力、促进社会治理而展开，税收逐渐从嵌入经济扩大到嵌入社会。虽然综合与分类相结合的个人所得税税制使得税收向嵌入家庭迈出了一大步，但是嵌入社会的程度仍然较低。

当前税制结构存在的问题是：集中在生产环节征收，而在再分配环节和积累环节征收过少；主要纳税人是企业，而对居民征税过少。因此未来税制改革方向是在保持税收嵌入广泛经济基础的同时，深化税收嵌入社会的程度，以实现建设"共识性强政府"的国家治理目标，主要做法是征税环节下移，培育受益性税种，改革税收优惠制度。

第八章

税制结构的重构：
从国民收入循环出发

传统税制结构划分方法的弊端

从亚当·斯密开始，经济学家就对税制结构的设计进行研究，所提出的划分方法有：亚当·斯密从税源角度将税收划分为地租税系、利润税系和工资税系；瓦格纳从课税客体性质角度将税收划分为收益税系、所得税系和消费税系；小川乡太郎从负担能力角度将税收划分为所得税制、流通税制和消费税制；马斯格雷夫从社会再生产过程中的资金运动角度，将各税种置于整个资金运动的各节点上。目前，常用的税制结构划分方法主要有如下三种，但均存在一些问题。

一、直接税与间接税的分类

以税种的税收负担是否能转嫁为标准，将税种划分为直接税和间接税，不能转嫁的是直接税，如所得税、财产税，能够转嫁的是间接税，如商品税。但是这种划分方法已不符合税收转嫁理论的发展。

Harberger 在其建立的一般均衡模型中，提出"税收等价性"观点[①]，即所有的税收均能转嫁，且可以向任何方向转嫁，转嫁程度取决于市场力量的对比。例如，企业可以将个人所得税转嫁给工人、消费者、股东、债权人等，转嫁程度取决于各市场主体在市场中的谈判地位。

而在税收显著性理论中，税收对纳税人的易见程度影响税收转嫁，举例来说，纳税人对价外税比价内税更敏感。学者们注意到，纳税人感知到的税率与实际税率之间存在着显著差异，进而影响到税收转嫁程度。传统税收转嫁理论认为税收转嫁取决于市场力量的对比，例如在静态分析中，税收转嫁取决于供给弹性和需求弹性的对比，与对谁征税无关。而税收显著性理论认为税收显著性会影响市场机制的运行，一般而言，税收显著性越强则税收转嫁越难[②]。

因此，税收一般均衡理论和税收显著性理论说明，直接税和间接税的分类已不能用来归纳出税收转嫁的特点。

二、商品服务税、所得税与财产税的分类

经济合作与发展组织（OECD）和国际货币基金组织（IMF）将税收划分为所得税、社会保险缴款、工资与劳动税、财产税、货物与劳务税、其他税等六类，这种划分比较直接和详细，便于国际比较。如果将该分类再简化，可以将社会保险缴款、工资与劳动税并入所得税，因为它们是对

---

① Harberger A C. The incidence of the corporation income tax. Journal of political economy，1962，70（3）：215-240.

② Goldin J，Homonoff T. Smoke gets in your eyes：cigarette tax salience and regressivity. American economic journal：economic policy，2013，5（1）：302-336.

劳动所得征税。或者干脆不考虑社会保障缴款，因为它属于专款专用税，与其他税收的性质有较大区别。这样简化后的税制结构设计为商品服务税、所得税与财产税。

这种分类也失之于简单，如商品服务税既可能是在生产环节课征的增值税，也可以是在消费环节课征的消费税，两种税对企业税收负担、税收转嫁、经济增长的影响机制完全不同。再如企业缴纳的房产税与个人缴纳的房产税虽然名称相同，但对居民税收负担、房产市场影响、政府职能行使等的影响机制也有很大区别，笼统放在一起不利于分析税收的作用。

三、资本、劳动和消费的分类

在引入税收的宏观经济模型中，劳动、资本和消费是税收的三大"隐性税基"，引入税收变量的办法一般是分别引入资本税、劳动税和消费税，这在大量的宏观经济模型中均得以体现。

按税基进行分类的好处是容易从理论上观察到三种税收对经济的影响机制，但是存在的问题是理论与现实对应不足。例如，生产型增值税的税基同时包括资本和消费，那么在测算平均税率时如何划分两类税基的税收？再如，个人所得税的税基同时包括资本和劳动，资本税同时包括企业所得税和财产税，那么如何区分它们的税基？Mendoza 等提出一个测算资本、劳动和消费平均税率的方法[①]，但是该方法仍存在一些问题，使得它在分析现实问题时不能得到广泛应用，局限在理论分析中。

---

① Mendoza E G, Razin A, Tesar L L. Effective tax rates in macroeconomics: cross-country esti-mates of tax rates on factor incomes and consumption. Journal of monetary economics, 1994, 34 (3): 297-323.

按国民收入循环划分税收结构

一、国民收入循环过程

国民收入循环是指，国民所创造的全部收入从价值创造到财富积累的整个资金流动和分配过程。通过观察国民收入循环，可以看到企业如何组织生产要素进行生产、价值如何被创造、产品如何用于消费和资本形成、居民财富如何积累等等。国民收入循环可以说是非常有效的观察整体经济循环的工具。

国民收入循环的资金流量核算由来已久。早在 1944 年，美国康奈尔大学 Copeland 教授便受美国国家经济研究局的委托，对国民收入循环的资金流量核算进行尝试，并于 1947 年发表论文《通过美国经济跟踪货币流通》。美国联邦储备委员会采纳这种核算方法，于 1955 年编制了第一份报告《美国资金流通（1939—1953）》。之后英国、德国等世界许多国家编制了本国的资金流量表①。中国的国民收入循环的资金流量表编制始于 20 世纪 80 年代中期，1992 年被正式纳入国民经济核算体系，该表已引起学界

---

① 高敏雪，李静萍，许健. 国民经济核算原理与中国实践. 北京：中国人民大学出版社，2013.

大量研究，在要素收入分配、储蓄、部门分配等问题上应用广泛。图 8-1 表示的是资金流量表的主干部分，我通过它来介绍国民收入循环过程。

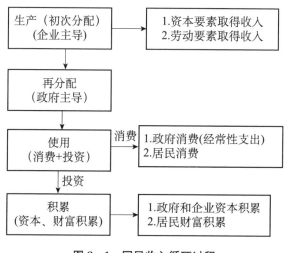

图 8-1 国民收入循环过程

第一，国民收入循环的生产环节，也称国民收入的初次分配环节。该环节的主导者是企业，企业通过使用生产要素创造增加值，增加值中包括四项内容：劳动者报酬、营业盈余、资本折旧和生产税净额。劳动者报酬属于劳动要素收入，营业盈余和资本折旧属于资本要素收入，生产税净额属于政府分配收入。企业创造的价值归属三个部门：向政府缴纳的生产税归属政府部门，支付给居民的劳动收入和资本收入（如资本租金）归属居民部门，剩下的归属企业部门。

第二，国民收入循环的再分配环节。该环节的主导者是政府，政府的干预手段体现在三方面：个人所得税、社会保障收支和企业所得税。政府通过向居民征收个人所得税以及进行社会保障收支影响居民内部收入分配。政府通过向企业征收企业所得税影响企业部门分配份额。通过政府对该环节的干预，政府、企业和居民分别取得各自的可支配收入。

第三，国民收入循环的使用环节。可支配收入的用途分为消费和投资两部分，政府消费和居民消费构成全社会消费总额，政府投资和企业投资构成全社会固定资产投资总额。

第四，国民收入循环的积累环节。政府和企业投资的结果变为固定资产，居民投资的结果变成居民财富。

表8-1是2017年中国国民收入循环的资金流量表，从中可以清晰地看到国民收入循环的各个重要节点，以及政府的干预作用。下面对表8-1进行简单解释。

"资金流量表（实物交易）"核算非金融企业部门、金融机构部门、政府部门、住户部门和国外部门的资金流量。这五大部门当年资金流量的运用和来源是平衡的，扣除国外部门后四大部门"可支配收入"项加总起来等于当年国民收入。资金流量表从资金的运用和来源两个角度，统计了各部门的资金在生产、再分配、使用和积累方面的状况。表8-1是各部门的汇总结果。在生产环节创造的增加值是820 754.3亿元，经市场分配后，各部门取得的初次分配总收入是820 099.5亿元；进入再分配环节，经过政府所得税、转移支付手段，各部门的可支配收入为819 295.9亿元；在使用环节，用于最终消费和储蓄的资金分别为437 152.0亿元和382 143.9亿元；在积累环节，储蓄转化为投资后，资本形成总额为363 955.0亿元。

二、按国民收入循环划分税制结构

税收实际上体现在国民收入循环的四个环节，因而可以把所有税收归为四大类：生产税、所得税、消费税、财产税。下面分别解释。

表8-1　中国国民收入循环的资金流量表（2017年）　　　单位：亿元

过程	内容	运用	来源	过程	内容	运用	来源
生产	一、净出口			使用	九、最终消费支出	437 152.0	
	二、增加值		820 754.3		（一）居民消费支出	317 964.0	
	三、劳动者报酬	423 268.0	424 279.4		（二）政府消费支出	119 188.0	
	四、生产税净额	93 844.3	93 844.3		十、总储蓄		382 143.9
	五、财产收入	137 503.7	135 837.6		十一、资本转移	9 906.7	9 900.3
	（一）利息	95 353.6	104 610.3		（一）投资性补助	9 884.9	9 884.9
	（二）红利	28 885.3	17 932.9		（二）其他	21.8	15.4
	（三）地租	7 822.0	7 822.0	积累	十二、资本形成总额	363 955.0	
	（四）其他	5 442.8	5 472.4		（一）固定资本形成总额	349 369.0	
	六、初次分配总收入		820 099.5		（二）存货增加	14 586.0	
再分配	七、经常转移	182 278.2	181 474.6				
	（一）所得税、财产税等经常税	44 128.7	44 128.7				
	（二）社会保险缴款	58 437.6	58 437.6				
	（三）社会保险福利	48 653.0	48 653.0				
	（四）社会补助	13 490.5	13 490.5				
	（五）其他	17 568.5	16 764.8				
	八、可支配总收入		819 295.9				

资料来源：中国统计年鉴2019. 北京：中国统计出版社，2020.

第一，生产税。在国民经济核算中，生产税的定义是："生产税是生产单位因从事生产销售等经营活动以及在这些经营活动中购买、进口和使用货物或服务而向国家缴纳的税金,如产品税、销售税、营业税等,但不包括任何针对企业利润、盈余及其他收入所缴纳的税收。"① 在商品和服务进入零售环节之前,我国所征收的增值税、营业税、消费税、企业房产税、印花税、进口税等均属于生产税。

第二,所得税。在国民收入的再分配环节,政府针对企业和居民所得征收所得税。针对企业征收的有企业所得税,针对居民征收的有个人所得税和社会保障税(企业负担一部分)。

第三,消费税。政府和居民取得的可支配收入用于消费,可以把该环节征收的税称为消费税。该环节对政府和居民而言是消费环节,对商品而言属于零售环节(有别于生产和批发环节)。目前,美国征收的零售税、日本征收的消费税属于该税类。

第四,财产税。该税征税对象是居民拥有的财产,包括对居民征收的房地产税、遗产税、车船税等。

在经济理论分析中,各税种的征税对象不外乎劳动、资本和消费三种,它们是税收的"隐性税基",Mendoza 等率先根据 OECD 组织国民账户(national accounts)提出三大税基平均税率的测算方法②,之后引入广泛的研究。根据图 8-2,可以很容易地判断各税种对应的税基。生产税的税基既有资本也有消费:如果征税导致最终商品价格提高,那么税基包括消费;其他部分属于资本承担。所得税对应的税基是资本与劳动,消费税对应的税基是消费,财产税对应的税基是资本。

① 高敏雪,李静萍,许健.国民经济核算原理与中国实践.北京:中国人民大学出版社,2013.
② Mendoza E G, Razin A, Tesar L L. Effective tax rates in macroeconomics: cross-country esti-mates of tax rates on factor incomes and consumption. Journal of monetary economics, 1994, 34 (3): 297-323.

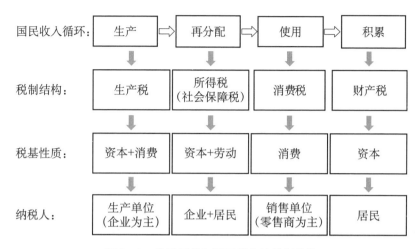

图 8-2　按国民收入循环划分的税制结构

关于税制结构的四个命题

下面结合国民经济核算原理，阐述关于税制结构的四个命题。

命题 1：国民收入循环分为生产、再分配、使用和积累四个环节，越接近国民收入循环的下游环节，税收显著性越强，税收转嫁越难。

从国民收入循环可以看到，越接近国民收入循环的下游环节，税收显著性越强。在国民收入循环的生产环节，纳税人是企业，所征的税收是对企业征收的商品服务税和财产税，此时居民很难感知到税收的存在。企业尽管纳税，但是可以通过提高商品和服务价格、压低工人工资等多种形式将税收转嫁出去。在国民收入循环的再分配环节，税收形式是企业所得税、个人所得税、社会保障税，其中纳税人对个人所得税和社会保障税比较敏感。在国民收入循环的使用环节，税收形式是在零售环节征收的消费税，消费者容易感知消费税的存在。在国民收入循环的积累环节，税收形式是针对居民财富征收的房地产税、遗产税和其他财产税，财富所有者对财产税无疑是敏感的。

命题 2：越接近国民收入循环的下游环节，企业税收负担越轻，居民税收负担越重。

假定政府需要一笔固定的税收，分别在国民收入循环的生产、再分配、使用和积累四个环节征税，根据图 8-2 划分的税制结构，在不考虑税收转嫁的情况下，很容易判断税收负担的承担程度。在国民收入循环的生产环节征税，纳税人全部为企业，并且集中在制造业部门，企业承担的税收负担较大；在国民收入循环的再分配环节征税，企业缴纳的是企业所得税，居民缴纳的是个人所得税和社会保障税，企业只承担一部分税收；在国民收入循环的使用环节征税，纳税人虽然是企业，但是以零售商为主，此时制造业部门不承担任何税收负担；在国民收入循环的积累环节征税，纳税人全部是居民，税收负担全部落在居民头上。

命题 3：越接近国民收入循环的下游环节，税收的受益性特征越明显。

所谓受益税，是指纳税人享受到的公共服务与其所缴纳税收密切相关的税种。最典型的是房地产税，政府所征的房地产税取决于房地产价值，而后者又取决于政府提供的公共服务。在国民收入循环的上游环节，纳税人以企业为主，并且税收主要作用于商品和服务价格上，企业可以通过改变价格将税收转嫁出去，因此税收的受益性特征并不明显。在国民收入循环的下游环节，纳税人逐渐变为居民为主，税收显著性较强，税收转嫁较难，纳税人更易感知纳税程度与公共服务水平，因而税收的受益性特征也更加明显。个人所得税、零售税和房地产税是体现在国民收入循环的再分配、使用和积累环节的三个代表性税种，这里以这三个代表性税种做具体分析。

就个人所得税而言，它的税基来自居民所得，而居民所得与政府提供的就业环境密切相关，包括促进居民收入增长和吸引人才流入两方面，因此个人所得税具有一定的受益税特征。就零售税而言，它主要来自当地居民消费，而居民消费与地方政府对市场环境的维护密切相关。例如，政府对假冒伪劣产品查处力度加大，就会有效整顿市场秩序，从而扩大居民消费。房地产税更是典型的受益性税种。从受益程度的强弱看，个人所得税＜零售税＜房地产税。这启发我们，这三种税实际上可以作为地方税，受益性强的税种可以作为管辖范围较小的地区的地方税，受益性弱的税种可以作为管辖范围较大的地区的地方税，譬如，房地产税可以作为县级地方税，而个人所得税可以作为省级地方税。

命题 4：在国民收入循环的再分配环节和积累环节征税，有利于调节居民收入和财富分配。

调节居民收入分配的税种主要是个人所得税，调节居民财富分配的税种主要是房地产税和遗产税，因此税收的调节分配作用主要体现在国民收入循环的再分配和积累环节。也许会有人认为，商品服务税也影响居民收入分配，但本章认为商品服务税的影响是不明确的。传统理论认为，商品服务税具有累退性，即由于居民边际消费倾向随收入增加而递减，因而低收入者消费时所缴纳的税收占收入的比重高于高收入者。但是,该结论成立的前提一是商品服务税完全转嫁,二是仅考虑当期边际消费倾向。从居民的终生收入和消费看,如果居民没有接受遗产也未留下遗产,那么终生收入等于终生消费,商品服务税的累退性大大减弱。因此,通过商品服务税来调节收入分配的效果是非常不明确的。

第四节

税制结构与税收原则的关系

税收原则指的是在设计税制、实施税法过程中所遵循的理论准则,它是评价税收制度优劣、考核税务行政管理状况的基本标准。在现代税收理论中,有两个最重要的税制原则:公平原则和效率原则。一般认为,所得税比较能体现公平原则,商品税比较能体现效率原则。但是,本章认为这种传统区分不利于更准确地把握税收的作用。举例来说,个人所得税与增值税相比较,哪一个对经济效率影响更大?增值税的效率性到底发挥在什么地方?它的制约条件是什么?传统理论很难说清楚。下面结合前文提出的四个命题,说明税制结构与税收原则的关系。

一、税制结构与公平原则的关系

公平分配有多种形式，这里我列举税收所影响的四种分配形式：一是要素收入分配，它是国民收入在资本要素和劳动要素之间的分配；二是居民可支配收入分配，它是针对居民取得的劳动所得和资本所得进行的分配，分配结果直接决定着人们的可支配收入水平；三是税收负担分配，居民取得可支配收入后用于消费，消费品含有的商品税高低会影响居民消费的多寡；四是财富分配，财富随着时间累积，居民间财富水平差距会越拉越大，因此也是公共分配的关注对象。税制结构与公平分配的关系见图 8-3。

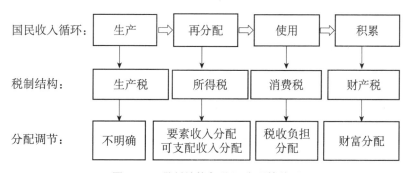

图 8-3　税制结构与公平分配的关系

在国民收入循环的生产环节，商品税是对企业征收，并且直接作用于产品价格，企业实际上是起到了纳税媒介的作用，征税对公平分配的影响机制是比较隐蔽的，也是不明确的。

在国民收入循环的再分配环节，政府征收所得税可调节要素收入分配和可支配收入分配。征收企业所得税相当于对资本所得征税，征收个人所得税包括对居民取得的资本所得和劳动所得征税两部分，因此征收所得税可调节要素收入分配。征收个人所得税同时可调节居民之间可支配收入分配。

在国民收入循环的使用环节，居民将可支配收入用于消费或投资，当居民购买消费品时,消费品里面含有的商品税会提高商品的价格,从而影响居民的税收负担分配。一般来说,由于居民边际消费倾向随收入增加而递减,因此消费税是累退的。

在国民收入循环的积累环节,居民储蓄的一部分会作为财富积淀下来,财富的典型表现是房地产和遗产,当政府征收房地产税和遗产税时,又会改变和影响的居民财富分配状况。

因此,总体而言,在国民收入循环的再分配环节和积累环节征税,税收显著性强,税收转嫁困难,有利于发挥税收的调节分配作用。

二、税制结构与效率原则的关系

税收效率原则包括两方面:一是经济效率原则,基本含义是指征税要尽可能不扭曲市场机制的运行,在实践中一般指征税对经济增长的抑制作用最小化;二是制度效率,它是指税收制度的运行效率,在实践中更多地指向税收征管效率,它的高低取决于逃税程度、征管成本、征税时滞等指标。税制结构与税收效率原则的关系见图8-4。

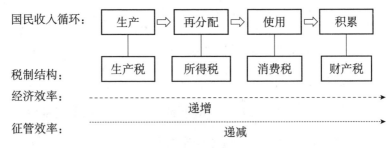

图8-4 税制结构与税收效率原则的关系

(一) 税制结构与经济效率的关系

本章认为,税收越接近国民收入循环的下游环节,经济效率越是递增。

在国民收入循环的生产环节征税，税收由企业承担，尽管在理论上商品税可以转嫁，但是转嫁程度取决于一系列市场条件，并且生产税有一部分由资本承担，因此征收生产税不利于鼓励企业生产。

在国民收入循环的再分配环节征税，企业和个人分别为企业所得税和个人所得税的纳税人。一般而言，征收企业所得税不利于经济增长。对个人所得税而言，它对经济增长的抑制作用表现为两方面：一是对劳动所得征税抑制劳动要素供给，二是对资本所得征税抑制资本要素供给。对劳动供给较丰裕的发展中国家而言，个人所得税对劳动供给的影响有限，而由于资本所得税普遍实行比例税率，个人所得税对资本配置的扭曲也有限。并且，对个人所得征税有助于降低企业税收负担。

在国民收入循环的使用环节，用消费税替代生产税和所得税的好处是，它会降低生产环节企业的税收负担，也会降低所得税对要素配置的扭曲。同时，征收消费税又会提高商品的价格，起到强制储蓄的作用，有助于资本积累。因此，征收消费税是鼓励经济增长的，这在大量的内生经济增长理论模型中得到体现[①]。

在国民收入循环的积累环节，征收财产税是对居民的财富存量征税，其效果是抑制居民财富过度积累，并将所得转化为消费和资本供给，因此有利于经济增长。

（二）税制结构与征管效率的关系

本章认为，税收越接近国民收入循环的下游环节，征管效率越是递减。

---

① Jones L E, Manuelli R E, Rossi P E. Optimal taxation in models of endogenous growth. Journal of political economy, 1993, 101 (3): 485-517.

生产税针对企业征税，税收形式主要是增值税、生产和批发环节消费税，税收核算方式简单，税收征管效率较高，能在很大程度上满足政府筹集财政收入的需要。征收企业所得税需要准确核算企业的成本和收入，管理难度大于增值税。个人所得税如果采用分类征收模式，可以通过源泉扣缴来征税，征管成本相对较低，但个人所得税的调节分配功能难以发挥；如果采用综合计征模式，需要纳税人自行申报，征管成本相对较高。

消费税的计征方式比较简单，但是在发展中国家，受税收征管能力的限制，大量小商户会脱离税收征收管理。并且，电子商务的迅速发展，也给传统消费税的管理带来不少挑战。因此，对一般性商品征收消费税的征管成本并不低。财产税的主要形式是房地产税和遗产税，这两种税征管难度较大，原因在于一方面税务部门对纳税人的财产要有准确估计，另一方面纳税人要有极强的纳税意识，要理解和配合税务部门征税工作。

因此，总体而言，发展中国家受税收征管能力限制以及纳税人意识不足的限制，税收更多集中在国民收入循环的上游环节，这实际上是不得已的选择。

| 第五节 |

我国税制结构的问题与改革方向

近些年来，我国社会舆论普遍反映企业税负过重，但是我国 2020 年宏观税负仅为 15.2%，远低于 OECD 组织平均水平。问题出在什么地方？就在我国的税制结构不合理，与美国的税制结构的比较更能说明问题。

根据前文建立的税制结构分类方法，本章对我国征收的各税种进行分类。考虑到我国间接税的征收同时体现在生产和使用环节，而且在税收上很难区分，同时考虑到我国在商品零售环节征收的税收很少（针对居民销售的商品），为此，本章按商品和服务税的 10% 归属使用环节，这个比例实际上略有高估。我国针对居民征收的财产税仅有车船税和几近于无的房产税，在无法区分企业和居民缴纳的车船税比例的情况下，可将车船税全部归为居民。

在美国的税收收入中，税收分为五大类：对个人所得、利润和资本利得征税；对公司所得、利润和资本利得征税；社会保障税；财产税；商品与服务税。考虑到社会保障税是具有返还性质的税种，与其他税种的性质有较大的区别，且中国税收收入中不统计社会保障收入，因此本章在统计美国税制结构时，不将社会保障税计入。美国对个人和公司征收的所得、利润和资本利得税收属于在再分配环节征税，商品与服务税属于在使用环节征税，财产税属于在积累环节征税。

2015 年中国与美国税制结构比较见图 8-5。

统计显示，中国的税制结构中，62.8% 属于生产税，28.6% 属于所得税，8.4% 属于消费税，0.1% 属于财产税；而美国的税制结构中，生产税占比为 0，64.3% 属于所得税，22.0% 属于消费税，13.6% 属于财产税。通过比较，可以非常清楚地看到我国税制结构存在的问题。

第一，我国税收主要纳税人是企业，企业税收负担重。生产环节和使用环节的税收纳税人为企业，再分配环节的税收以企业所得税为主，纳税

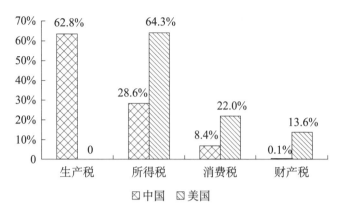

图 8-5 中国和美国税制结构比较（2015 年）

资料来源：http://gks.mof.gov.cn/zhengfuxinxi/tongjishuju/201701/t20170123_2526014.html；http://stats.oecd.org/.

人也主要是企业，也就是说，我国的税收90%以上是由企业缴纳的。虽然存在税收转嫁因素，纳税人不一定是负税人，但是税收毕竟会给缴税方造成较大的资金压力，加重了企业的税收负担。而美国税收收入中，仅32.9%由企业缴纳。

第二，我国税收集中在生产环节征收，不利于调节分配。前文指出，要发挥税收的调节分配作用，要将税收集中在再分配环节的个人所得税和积累环节的财产税，但是我国个人所得税仅占7.5%，财产税近似于无。税收过多集中在生产环节，自然难以发挥调节分配作用。

第三，我国税收的税基中资本承受较大比例。生产环节的税收对应的税基是资本与消费，再分配环节的税收对应的税基是资本与劳动，我国税收90%以上集中在生产和再分配环节，使得我国生产环节资本承担较大的负担，这对经济增长会起到抑制作用。

由于我国税制结构的以上特点，使得我国税收实际上不利于促进经济增长和调节分配，也就是说，税收既不利于效率原则发挥，也不利于公平原则发挥。而美国等发达国家税收集中在国民收入循环的下游环节，纳税主体和税收负担承担者主要是居民而非企业，使得税收可以相对有效地促进增长和调节分配。

因此，我国税制结构的调整方向是征税环节由生产环节逐步下移到再分配、使用和积累环节。具体来说，在生产环节，可以考虑降低增值税税率，从而降低税收对增值税的依赖性；在再分配环节，加快个人所得税改革力度，改革方向是以提高个人所得税税收收入规模为主，而不宜在设计如何促进公平上做太多的设计；在使用环节，可以考虑针对零售商品征收零售税，并将此税作为地方税。

第六节

结　论

本章运用国民经济核算原理，从国民经济循环出发构建税制结构的基础理论，主要结论为：

第一，国民经济循环分为生产、再分配、使用和积累四个环节，税制结构也相应分为生产税、所得税、消费税和财产税四大类。生产税的纳税人是企业，税基是资本和消费；所得税的纳税人是企业和居民，税基是资本和劳动；消费税的纳税人是企业，税基是消费；财产税的纳税人是居民，税基是资本。

第二，由新的税制结构理论所得出的四个命题是：越接近国民收入循环的下游环节，税收显著性越强，税收转嫁越难；越接近国民收入循环的下游环节，企业税收负担越轻，居民税收负担越重；越接近国民收入循环的下游环节，税收的受益性特征越明显；在国民收入循环的再分配环节和积累环节征税，有利于调节居民收入和财富分配。

第三，税制结构与税收原则的关系是：在国民收入循环的再分配环节和积累环节征税，税收显著性强，税收转嫁困难，有利于发挥税收的调节分配作用；税收越接近国民收入循环的下游环节，经济效率越是递增，征管效率越是递减。

第四，我国税制结构存在的问题是，税收以生产税为主，消费税、个人所得税和财产税征税不足，导致的结果是：税收主要由企业承担；不利于调节分配；资本承担较多税负，不利于促进经济增长。

根据本章的研究，可得出我国税制结构的调整方向是：减少生产税占比，提高所得税、消费税和财产税占比，征税环节由生产环节逐步下移到再分配、使用和积累环节。

第九章

地方税系的建设原则与方向

建设地方税系的理论与实践

一、建设地方税系的理论

建设地方税系的本质，是中央政府向地方政府税收分权到什么程度的问题，对此，理论界进行了大量研究，代表性的分析框架有三种，但是得出的结论却大相径庭。

一是传统的财政联邦主义分析框架（或称传统的财政分权理论）[①]。在该框架下，最优税收分权应与各级政府的财政职能密切相关，财政职能分为资源配置、收入再分配、经济发展三类，由于收入再分配和经济发展具有很大的辖区溢出效应，因此这两项职能应交由中央政府实现，而地方政府主要完成资源配置职能。根据这种划分标准，个人所得税和企业所得税对收入分配、经济增长和经济稳定均有很大的影响，因此税权应集中于中央政府。房产税的税基大小往往与地方政府提供的公共服务密切相关，体现出明显的受益性质，因此税权应集中于地方政府。除此之外，地方税应

---

① Musgrave R A. The theory of public finance：a study in public economy. New York：McGraw-Hill，1959；Oates W E. Fiscal federalism. New York：Harcourt Brace Jovanovich，1972.

满足的标准有：一是地方政府应对非流动的税基或资产征税，以防止税收竞争和税收扭曲；二是各地区的税基应分布相对均匀，以防止横向财政不平衡的产生；三是各地区应该针对收益相对稳定的税基征税，确保政府支出计划不受影响[1]。

二是公共选择分析框架[2]。在该框架下，政府并非以社会福利最大化为目标，政治家表现得像利维坦（Leviathan）[3]那样，税收是用来最大限度地从私人部门攫取收入的工具，这样政治家和官僚能够最大化他们的支出权力。为此，公共选择理论强调地方政府间税收竞争的积极作用，以此作为约束税制设计和预算规模的力量之一。在该理论下，地方政府应对流动要素征税，这样可引发税收竞争机制来限制利维坦的贪婪，也就是说，商品税和所得税可以作为地方税的主体税种。

三是政治反应分析框架。该框架认为上述两种分析框架均没有考虑到政治权力的行使，以及各级政府在税权分配中的谈判，这导致理论上的结果与现实差距较大。该框架认为现实中税收分权是政府间博弈的结果，与一个国家的正式宪法或规范性税收分配观念都无关，人们所观察到的联邦内税权分配是各级政府为提升各自税权份额而博弈的结果[4]。一些如重大国际危机、技术进步等外生冲击，通过改变各级政府间相对讨价还价的能力，从而改变了税权分配。

---

① Ambrosiano M F, Bordignon M. The handbook of fiscal federalism. London: Elgar, 2006.

② Brennan G, Buchanan J. The power to tax: analytical foundations of a fiscal constitution. Cambridge: Cambridge University Press, 1980.

③ 利维坦源出于希伯来文，是《圣经》中威力巨大无比的怪兽名，西方政治学和经济学常用它来象征不受制约的国家权力。

④ Hettich W, Winer S L. Democratic choice and taxation: a theoretical and empirical analysis. Cambridge: Cambridge University Press, 2000; Persson T, Tabellini G. Political economics: explaining economic policy. Cambridge, M. A.: MIT Press, 2000.

在这三种分析框架中，财政联邦主义分析框架是主流，其他两种分析框架均存在很大的缺陷。公共选择分析框架下提出的利维坦模型面临诸多批评：一方面，在现实世界中，各国政府并不像模型强调的那样垄断；另一方面，将流动性税基赋予地方政府可能引起严重的资源配置扭曲。事实上，关于利维坦政府假说的实证结果并没有得出明确的结论[①]。政治反应分析框架存在的问题是没有提出明确的政府间税权配置规则。

二、建设地方税系的实践

财政联邦主义框架虽然确定以财产税为代表的受益税最适合作为地方税，但遗憾的是，现实中地方政府仅依赖受益税是不够的，主要原因是受益税不能为地方公共支出提供足够的财政收入。因此在多数OECD成员国，地方政府财政收入除了依赖财产税外，也依赖理论上认为不合适的对流动性税基征税，如所得税和商品税，这在联邦制国家表现得最为突出。

以几个典型国家为例：美国州一级政府的主体税种为销售税，该税占全国税收收入比重为 23.1%，州县政府享有该项收入的 88.2%，占州县政府税收收入的 41.5%；德国地方政府的主体税种是所得税（包括个人所得税和公司所得税），它是共享税，全国所得税占全部税收收入比重为47.8%，州县政府分享的所得税占其税收收入的 58.3%；加拿大州政府的主体税种是销售税，占州政府税收收入的 37.6%，占全国税收收入比重为

---

① Edwards J, Keen M. Tax competition and Leviathan. European economic review, 1996, 40 (1): 113-134; Ambrosiano M F, Bordignon M. The handbook of fiscal federalism. London: Elgar, 2006.

16.3%，中央政府不参与分享，除此之外，州政府还享有所得税的
38.4%；另外，瑞典和瑞士均将所得税作为共享税。

根据以上分析可看出，尽管理论上认为地方政府不宜对流动性税基征
税，但是在各国实践中，将所得税和商品税作为地方政府主体税种的做法
却也并非不可行。这给我一个启示：地方政府的税基可以是流动性税基，
其前提是它能够避免恶性税收竞争。如何做到这一点呢？本章认为，在当
前的中国经济背景下，开征零售税并作为地方政府主体税种是较好的
选项。

| 第二节 |

中央与地方的税收划分整体原则

研究地方税的建设原则与方向，首先要明确中央税与地方税该如何合
理划分。本章认为，从中国实践出发，税收划分应坚持三个原则。

一、经济效率原则

税收经济效率原则是指征税不能扭曲资源配置效率，不能对经济增长
造成严重的伤害。在中国这样一个大型的经济体里，构建统一大市场具有
无比的优势，税收不能妨碍构建统一大市场这个目标的实现，要让市场在

资源配置中发挥决定性作用。有的税种作为地方税，有利于激发地方政府发展生产的积极性，从局部看具有经济效率，但是从宏观上看，就有可能导致地方政府之间激烈的税收竞争，进而导致资源配置扭曲。

因此，如果发挥地方积极性与构建统一大市场这个目标发生冲突，我们应该服从后者。举例来说，如果把企业所得税作为地方税，地方政府会充分利用这个税收杠杆刺激当地经济发展，从局部看有利于当地经济发展。但是从全局看，会激发恶性税收竞争，导致地方保护主义和市场分割局面，因此企业所得税就不适合作为地方税。

二、受益性原则

所谓受益性原则，是指税收要跟政府为居民提供的公共服务密切相关。符合受益性原则的税收就是受益税，它的典型代表是房地产税。受益税是良好的地方税，因为当地方政府提供公共服务水平提高时，税收会随之增加，这会激励地方政府为辖区居民提供良好的公共服务。

一般人认为受益税只有房地产税，实际上个人所得税和一般性消费税（或称零售税，我国的消费税属于选择性消费税，不属此类）都具有受益税的性质[①]。个人所得税之所以有受益税性质，是因为当政府的公共服务水平提高时，会吸引更多的人进入辖区，个人所得税会随之增加；一般性消费税之所以也有受益税性质，是因为当地方政府完善消费基础设施（例如市场建设）、改善消费环境（例如食品监管）时，一般性消费税会随之增加。

① Bird R M, Gendron P P. CVAT, VIVAT, and dual VAT: vertical "sharing" and interstate trade. International tax public finance, 2000, 7 (6): 753-761.

虽然房地产税、一般性消费税、个人所得税都具有受益税的性质，但是受益范围有大有小，范围最大的是个人所得税，次之是一般性消费税，再次之是房地产税。可以根据受益范围的大小确定这个税到底该归属于哪一级政府：受益范围越小的，越应该归属于管辖区域较小的政府；受益范围越大的，越应该归属于管辖区域较大的政府。

三、有效激励原则

像我国这样的国家，广土众民，各项事业建设都需要激发地方政府的积极性，但关键是要激发地方政府什么样的积极性：是激发地方政府发展经济的积极性？还是提供公共服务的积极性？激发地方政府这两个积极性对地方税的要求是不一样的：从发展生产的角度看，把生产环节的税种作为地方税最有利于激发发展经济的积极性；从发展公共服务的角度看，把使用环节的税种作为地方税最有利于激发提供公共服务的积极性。

通过税收激发地方政府的积极性，不可避免地带来地方政府间税收竞争。市场经济条件下，辖区间税收竞争既有好的一面，也有坏的一面。在这方面我国有深刻的教训，20 世纪 80 年代产品税是地方政府重要的税收来源，结果促使地方政府鼓励辖区价高税多的企业发展，对外来商品则采取地区贸易保护主义，一个典型事例是当时各县争相办自己的酒厂。在现今分税制情况下，各地区政府采用"引税""买税"等措施也很常见。要认识到无论如何设置地方税系，辖区间税收竞争都是不可避免的现象。地方税系的建设应尽量做到抑制负面的税收竞争，而鼓励良性的税收竞争。一般而言，地区间经济竞争容易带来扭曲，公共服务竞争则可能带来社会整体福利水平的提升。

表 9-1 概括了三种税收分配原则对税收归属的要求：第一，经济效率原则要求中央税要尽量发挥税收中性要求，要有利于统一市场建设，地方税不能扭曲资源配置，包括扭曲商品市场和要素市场的资源配置；第二，受益性原则要求地方政府根据公共服务受益范围确定税收在不同层级政府的归属；第三，有效激励原则要求中央税要有利于发挥中央政府发展经济的积极性，地方税要有利于发挥地方政府发展生产或提供公共服务的积极性，其积极性的发挥方向可根据历史发展不同阶段进行调整。

表 9-1　税收分配原则与税收归属要求

原则	中央税要求	地方税要求
经济效率原则	发挥税收中性要求，有利于统一市场建设	不扭曲生产环节资源配置
受益性原则		根据受益范围确定税收归属
有效激励原则	有助于宏观经济增长和调控	有助于激发地方政府积极性

| 第三节 |

当前地方税建设应以受益性原则为导向

根据中国现实国情及发展阶段，这三项原则应如何体现在地方税系的建设中呢？本章认为，应重点体现受益性原则。坚持了受益性原则，自然会带动其他两项原则的实现。理由主要有如下四点：

一、有利于发挥地方政府提供公共服务的积极性

我国央地关系改革大的思路就是"发挥中央与地方两个积极性"，关键在于"地方积极性"的定位是什么。是发挥它发展生产、创造 GDP 的积极性呢？还是发挥它为居民提供良好公共服务的积极性呢？从中国过去的实践看，注重的是前者，因为地方政府税基主要来自企业产出（营业税）、增加值（增值税）和利润（企业所得税），只要企业扩张，并且按生产地原则分配税收，地方政府的税收就会增长。这些可统称为生产性税基，生产性税基会激励地方政府发展生产，但是对民生服务照顾不足。

如果把受益税作为地方税，那么地方政府为了增加财政收入，需要积极保护税基。我以三个代表性受益税为例子进行说明：就房地产税而言，地方政府会通过提供优质教育、医疗等公共服务来增加房地产评估价值；就一般性消费税而言，地方政府会通过完善消费基础设施、保护消费环境来吸引更多消费者；就个人所得税而言，地方政府会通过提供良好的就业环境吸引更多劳动者进入。三者都会促进地方公共服务质量的提高。

二、符合经济发展的阶段化要求

罗斯托在研究世界范围内财政支出结构变化时，提出了解释财政支出

结构变化的"经济发展阶段论"①。该理论指出，在经济发展的早期阶段，经济增长是主要目标，政府的主要作用是为经济发展提供经济性基础设施，例如道路、桥梁等。但是随着经济发展水平的提高，社会对经济增长的需求会降低，对教育、医疗等公共服务的需求会增加，政府的目标应该从推动经济发展转向推动公共服务水平的提高。

如果说，在改革开放初期，需要调动地方政府发展经济、提高企业产出的积极性的话，那么，在我国已全面建成小康社会的今天，当人民对美好生活的向往已从追求 GDP 增长更多地转向对公共服务的需求的时候，就需要激发地方政府发展公共服务的积极性。

三、有利于推动地方政府职能转变和治理水平提高

多年来，我们强调政府要"为人民服务"，如何让地方政府能够为人民服务呢？最有效的方式是：将居民的偏好反映在地方政府官员的效用函数里。如果 GDP 增长能给官员带来更多效用，那么官员的行为反映的更多是企业家的偏好，政府与企业的互动关系就会深入，其行为后果可能是在带来 GDP 增长的同时，出现政企合谋、环境破坏、地方债扩张等；如果提高公共服务质量能够给官员带来更多效用，那么官员的行为反映的自然是居民的偏好，政府与居民互动关系就会深入。这样，地方政府职能转变就不求自得。并且，在政府与居民的互动中，地方政府社会治理水平自然得到提高。

如何将居民偏好反映在政府效用函数里？合理的地方税设置就是一

---

① 罗斯托．从起飞进入持续增长的经济学．贺力平，等译．成都：四川人民出版社，1988.

个途径。这里以曾经引起很大舆论的"三鹿奶粉事件"为例进行说明。2008 年，很多食用三鹿集团生产的婴幼儿奶粉的婴儿被发现患有肾结石，随后在其奶粉中发现三聚氰胺。如果地方政府主要税收来自增值税或企业所得税，地方政府就有激励保护这个企业，因为它是地方纳税大户。但是如果地方政府主要税收不是增值税而是零售税，就是说所有进入超市的商品，都需要按一个固定比例纳税，那么地方政府就没有任何激励去保护企业。因为一个三鹿倒下去，居民可以选择买其他国产奶粉，或者也可以选择买国外奶粉，地方税收不会受影响。地方政府不但没有激励去保护企业，反而有激励保护消费市场。保护消费者的利益就是保护居民的利益，因为大多数消费者是当地居民。这就是受益税的好处。

四、有助于缩小地区财力差距

分税制改革以来，地方政府主体税种按规模排列分别是：营业税、增值税分成、企业所得税分成。其中营业税一半来自销售不动产业和建筑业的销售收入，这两者又与房地产市场的发展密切相关。也就是说，这三种税的税基与房地产业和制造业高度相关。从全部范围看，它们的税基分布不均匀程度非常高。受益税集中在个人所得税、一般性消费税和房地产税上，它们的税基分别是个人所得、消费和房地产评估价值，在地区的分布尽管也不均匀，但会远小于房地产业和制造业的税基不均匀程度。因此，将受益税作为地方税，有助于缩小地区财力差距。

| 第四节 |

税种性质与对应政府层级分析

在确定税种对应政府层级之前，需要深入了解税种属性，下面分析代表性税种的特征，以此考察可以作为地方税的税种。

一、增值税

增值税几乎是所有发达国家收入的最重要来源之一（美国、日本等少数国家除外），它的征收环节主要是在生产环节，少部分在使用环节。特点是容易征管、税源充沛、具有收入弹性，就是说它会随着经济增长而增长。

增值税不适合作为地方税，原因有两点：第一，它容易刺激地方政府展开激烈税收竞争，由此破坏统一市场。增值税由于税源充沛、税收集中在制造业的特点，会刺激地方政府发展制造业，并通过差异化税收执法来吸引税源，会对商品价格产生重要影响，严重不利于统一市场的建设。第二，增值税的税基来自企业创造的增加值，它的税基分布极不均匀，作为地方税会扩大地区差距。

二、企业所得税

企业所得税的征收环节在再分配环节，特点是税源充沛、具有收入弹性、税基流动性强。但它也不适合作为地方税，主要原因有如下几点：

第一，企业所得税税基是资本，对其征税易扭曲要素配置。资本的流动性很强，地区间企业所得税税率不同会影响企业选址，进而扭曲资源配置。

第二，企业所得税的地区归属易产生争议。在企业跨地区经营的情况下，税收收入的实现地点会存在诸多争议。如果将企业所得税作为地方税，需要将企业所得税税基在取得收入的各地区间进行分割，而这种分割通常具有主观随意性。

第三，企业所得税收入与经济的周期性波动密切相关，不能保证地方政府的财政收入稳定。

三、个人所得税

个人所得税与企业所得税一样，它的征收环节在再分配环节，特点也是税源充沛、具有收入弹性、税基流动性强。不过与企业所得税相比，它具有较强的受益性。因为地方公共服务（对儿童的教育、社区服务、医疗护理等）主要由当地的居民来享受，地方公共服务水平提高会吸引更多高收入人群聚集，就是说公共服务水平实际上是与个人所得税税源联系在一起的。

将个人所得税作为地方税会存在两个方面的问题：第一，个人所得税税基在地区间分布不均衡，高收入人群总是集中在经济发展水平高、公共服务较发达的地区。第二，个人流动性较强，而针对流动性税基征税容易产生扭曲，例如，个人为少缴税而离开高税率地区。

四、房地产税

房地产税是典型的受益性税种。主要原因是：房地产属于不流动税基，不同辖区之间税率和税收管理程度差别对税源影响较少；房地产税收来自房地产评估价值，而后者又与政府提供的公共服务密切相关，会激励地方政府为辖区居民提供良好的公共服务；房地产税的收入相对稳定和可以预测，不会影响地方政府的支出计划。由于房地产税具有这些良好性质，很多人期待房地产税可以作为地方政府主体税种。

但是，客观地分析，在我国开征房地产税会有两个重要缺点：

第一，征管成本很高。房地产税是纳税人税收痛苦感比较强烈的一种税，容易受到纳税人较强的抵制。由于该税的特点，它实际上是一个适用普遍征收、适用比例税率的税种，不宜广泛采用税收优惠政策。在中国现实国情下，这种做法将使得税收征管成本会非常高。

第二，税收规模很小。基于两点原因做出该判断：一是为降低税收征管成本，它的适用税率一般很低；二是房地产税按评估价值征税，房地产评估价值对经济活动调整的反映通常慢于所得或消费。房地产税征管机制的建设、纳税人意识的提高需要较长时间，在相当长时间内，它的收入规模将是很有限的。

第三，可能导致社会分层。房地产税与教育、医疗等公共服务密切挂钩，就像不同社区物业费标准不一导致人群分类聚集一样，征收该税种很容易导致社会分层，事实上加剧社会不平等。

五、选择性消费税

从理论上讲,消费税分为选择性消费税和一般性消费税,前者选择某些特定商品征税,如烟酒、奢侈品和燃油等,后者是对大部分消费商品征税,如超市买的商品。两者的功能定位是完全不同的,不可不细细辨明。

选择性消费税的功能定位是调节。一是调节居民间税负分配,让高收入者承担更多的税,如对奢侈品征税;二是调节人们的消费行为,让人们少消费某些对健康有害的商品,如对烟草征税;三是调节资源合理利用,如对高耗能、高污染产品征税。由于选择性消费税的功能定位在于调节,而非筹集财政收入,因此它只适合作为中央税,不适合作为地方税。主要有如下理由:

第一,选择性消费税会激励地方政府发展价高税多的产业,这与选择性消费性的功能定位恰恰相反。选择性消费税的目的是调节人们的消费行为,大多数是需要抑制相关产业发展,如烟、酒、高污染产品等。但将它归为地方税后,它与地方政府财政收入密切相关,将激励地方政府采取措施刺激当地相关产品生产或消费,这不是开征这种税的政策意图。

第二,选择性消费税的适用税率很高,将之作为地方税易导致恶性横向税收竞争。如果不同地区商品的实际执行税率有差异,将刺激消费者在低税率地区购物,而在高税率地区消费。地方政府不会不明白其中利害,极可能通过实际执行低税率来吸引税源,包括吸引企业进驻和鼓励本地消费,由此引发恶性横向税收竞争。20 世纪 80 年代中后期的恶性横向税收竞争就是一个教训,当时产品税是地方政府财政收入的重要来源,酒类产品价高税多,各个县级地方政府倾向办自己的酒厂,并实行地方保护主义阻碍外地酒类产品进入本地市场，造成严重的市场分割。

第三，选择性消费税税基分布不均匀，作为地方税易扩大地区差距。我国选择性消费税主要来源是烟、酒和汽油，它们的生产地集中在少数地区，如果作为地方税会使得税基分布极度不均匀。

六、一般性消费税

一般性消费税是对消费环节大多数商品和服务征税，它基本采用比例税率。目前世界上以美国、日本为代表的少数国家开征这种税，美国称此税为零售税（sale tax），并且是州政府的主体税种，税款作为价格的附加由消费者支付，各州税率不一。我国在 2016 年营业税改征增值税之前，对生活性服务业征收的营业税实际上是属于一般性消费税性质。一般性消费税的税基比较大，它的功能定位是筹集财政收入。

一般性消费税属于受益性税种。原因是它的税基来源于当地居民消费，而居民消费又与地方政府提供的公共服务有着密切关系。地方政府为居民消费提供的公共服务可分为两类：一是完善消费基础设施，例如通过道路或网络建设，疏通消费渠道，降低人们的消费成本；二是改善消费环境，例如通过严格食品监管或打击假冒伪劣产品，使得人们能够放心消费。

总体而言，选择性消费税和一般性消费税的区别是：前者体现调节功能，后者体现筹集财政收入功能；前者适合在生产环节征收，后者适合在使用环节征收；前者适用多档税率，后者适用统一税率；前者适合作为中央税，后者适合作为地方税。因此两者看似接近，实则差异极大。

表 9-2 对各税种性质进行比较，并对地方政府积极性的发挥方向进行了大致判断。由表 9-2 可知，我国地方税建设可采取的办法只有两种：一

是将一般性消费税和个人所得税作为地方税，房地产税问题比较复杂，在第十章我会提出改革思路；二是改变增值税按生产地原则分配税收的办法，按消费或人口分配税收，这也是受益性原则的一种体现，在第十章将提出改革办法。

表9-2　各税种性质比较及对地方政府积极性发挥的影响

项目	增值税	企业所得税	选择性消费税	一般性消费税	个人所得税	房地产税
受益对象	企业	企业	企业为主	消费者	个人	当地居民
征收环节	生产	再分配	生产为主	使用	再分配	积累
税基	商品	所得	商品	商品	所得	财产
税源地区分布	不均匀	不均匀	极度不均匀	均匀	不均匀	相对均匀
对地方政府积极性发挥	推动企业产出	推动企业产出	推动企业产出	推动公共服务	推动公共服务	推动公共服务
征管成本	低	较高	低	低	较高	很高

第五节

结　论

中国地方税系曾在调动地方发展经济积极性上起到了重要作用，在新时代中国特色社会主义背景下，社会主要矛盾已发生变化，地方政府职能也要从推动生产发展，较大部分调整为促进当地公共服务水平的提高，为此，需要通过地方税收来源的转变来引导地方政府积极性发挥的方向，这落脚在地方税系建设上。总结本章分析，可以得到如下结论：

第一，在中央税与地方税划分的问题上，应坚持三个原则：经济效率原则、受益性原则、有效激励原则。落实这三个原则，在全国层面有助于构建全国统一市场，在地方层面有助于公共服务水平的提高。

第二，在地方税系建设问题上，应重点强调受益性原则。坚持该原则的优点在于：有利于发挥地方政府提供公共服务的积极性；符合经济发展的阶段化要求；有利于推动地方政府职能转变和治理水平提高；有助于缩小地区财力差距。

第三，个人所得税、一般性消费税和房地产税是典型的受益税。我国地方税建设可采取的办法有两种：一是将一般性消费税、个人所得税作为地方税，并按受益范围确定它们在不同层级地方政府的归属；二是改变增值税按生产地原则分配税收的办法，按消费或人口分配税收，这也是受益性原则的一种体现。

第十章

匹配两个积极性的税种
和分税制改革

分税制存在的问题与改革困境

一、分税制设计应匹配中央与地方两个积极性的发挥方向

在第五章关于中央与地方两个积极性分析中，提出在理论上积极性分为三种：发展生产、提供公共服务、公共治理。对中央政府来说，可假设它会全局着眼，根据历史发展阶段来调整积极性的发挥方向，也就是说，实际上不存在调动中央政府积极性的问题。对地方政府来说，地方政府更多地考虑地方局部利益，局部利益与全局利益经常会发生冲突，此时就需要通过合理的制度安排来调整地方积极性的发挥方向：是让地方政府重视经济增长？还是重视公共服务？抑或是更重视完善公共治理？

2013 年，党的十八届三中全会做出的《中共中央关于全面深化改革若干重大问题的决定》指出："加强中央政府宏观调控职责和能力，加强地方政府公共服务、市场监管、社会管理、环境保护等职责。"这里"职责"与"职能"基本同义，地方政府能否有效地行使这些职能，既取决于地方政府官员的自觉，更取决于外在的制度环境，特别是分税制所确定的制度环境。

从过去以至现在来看,地方政府普遍更重视辖区内的经济增长,这对推动整体经济增长起到了巨大作用。但是,地方政府高度重视经济增长也产生了很大问题,如不利于实现高质量发展,不利于推动公共服务建设,不利于财政秩序规范,不利于呼应当地居民需求,等等。地方政府这种行为的形成与财政体制密切相关,尤其是与分税制设计密切相关。下一步分税制改革要引导地方政府职能发挥方向转变,让地方政府积极性从推动经济增长向重视公共服务和公共治理转变。

二、分税制存在的问题

目前地方政府的主要财政收入来源为以增值税、企业所得税为代表的共享税,地方政府分享增值税收入的 50% 和企业所得税收入的 40%,2020 年两税收入占地方总税收收入的比重为 58.1%,其收入归属实行的是生产地原则。也就是说,地方政府分享税收的依据是当地生产所形成的税收。按生产地原则确定税收归属易产生生产要素配置的扭曲效应:如果因为税收执法或者财政返还等因素造成不同地区企业面对的实际税率不同,生产厂商对投资地点的选择就会受到影响。由此,在生产要素配置方面的税收中性遭到破坏,资源得不到合理配置,带来了诸多不良后果。

第一,地方政府为招商引资,往往采取财政返还政策、低价提供土地政策或放松环境监管政策,这就改变了生产厂商面临的实际税率和实际成本,造成了财经纪律和土地市场秩序的混乱,并对环境保护产生不良影响。

第二,由于增值税主要在工业制造环节实现,按生产地原则分享促使地方政府更重视工业发展,易推动地方对工业的过度投资和重复建设,强化了产能过剩问题。

第三，按生产地原则分享税收扩大了地区间财政收入差距。生产企业的增值税是在出厂环节征收，作为纳税人的生产企业的经营地点固定，生产环节商品增值率较高，而增值税税负提高部分会转嫁给下一环节（如商品批发环节），对当地经济影响很小。企业总部集中在大城市和发达地区，企业所得税汇总纳税特点会使得税收向这些地区集中。各地的资源禀赋、经济发展水平不均衡，在此情形下，按照生产地原则分配增值税和企业所得税收入，只会使"富者越富，贫者越贫"。

第四，不利于地方政府职能转变。过度重视税收收入，自然会引导地方政府更多地为企业和企业家服务，而不是更多地为本地居民和消费者服务，在财政资金投入方面更多偏向生产性支出，使民生建设得不到足够的重视。

三、分税制改革困境

解决分税制存在的这些问题要落脚在地方税体系建设上，关键是要找到一个合理的可作为地方财力支柱的税种。然而，就目前中国的税制结构而言，要找到一个合适的地方主体税种是非常困难的。

目前改革呼声最高的方案是：消费税征税环节下移并作为地方税。"十四五"规划指出："调整优化消费税征收范围和税率，推进征收环节后移并稳步下划地方"。很多人认为消费税未来可以作为地方税。但我认为，从税收原理和消费税结构看，只能选择少量税目的消费税作为地方税，对改变地方财力格局影响甚小。

理论上讲，消费税分为选择性消费税和一般性消费税，前者选择某些特定商品征税，如烟酒、奢侈品、燃油等，后者是对大部分消费商品征税，如超市买的商品。选择性消费税和一般性消费税的区别是：前者体现调节功能，后者体现筹集财政收入功能；前者适用多档税率，后者适用统一税率；前者适合作为中央税，后者适合作为地方税。因此两者看似接近，实则差异极大。我国的消费税是典型的选择性消费税，其大部分税目不适合作为地方税，主要有如下理由：第一，我国的消费税近八成来自对烟草和成品油征税，通过中国烟草总公司和中石油中石化总公司，烟草和成品油均有着比较完善的自上而下管控渠道，将这两个税目的税收作为中央税比作为地方税更合适。第二，消费税归为地方税后，它与地方政府财政收入密切相关，将激励地方政府采取措施刺激当地奢侈品消费，这与开征消费税来调节消费行为的政策意图相反。第三，消费税的适用税率很高，极可能促使地方政府通过执行低税率来吸引税源，引发恶性横向税收竞争。何况，即使考虑到将消费税作为地方税有鼓励内需的作用，这种作用也完全可以通过按地区消费来分配消费税来得以发挥，而且无上述之弊。

除消费税外，企业所得税、房地产税、资源税和车船税等都不适合作为地方主体税。将企业所得税作为地方税会加剧地区间横向税收竞争，地方政府会更广泛地采用非正式税收返还等手段来干预市场，这会对建设统一市场产生负面影响。很多人对房地产税抱有较高的期望，实际上房地产税问题远比人们想象的复杂，在本章第四节将展开详细分析。资源税的税基地区分布差异较大，作为地方税易扩大地区财力差距，而车船税规模太小且不够稳定。

在难以找到合适的地方主体税种情况下，有人认为可以考虑扩大转移支付来解决地方财力不足问题。但是，中国历来各项事业发展注重调动地方积极性，而转移支付制度设计先天不利于地方积极性的发挥，原因是转移支付规模往往与地方经济发展水平负相关，当地方经济发展变好时，转移支付规模会变少，转移支付会产生较强的"逆向激励"作用。

地方主体税种（或主要财力来源）的各种方案比较如表 10-1 所示。

表 10-1　地方主体税种（或主要财力来源）的各种方案比较

方案	措施	改革收益	不足之处
1. 消费税	消费税改在零售环节课征，仍是选择性消费税	1. 可部分弥补地方政府财力缺口；2. 在零售环节课征可体现部分受益税的性质	1. 易引发恶性税收竞争；2. 烟草、成品油不适合作为地方税；3. 与消费税的调节意图相背
2. 企业所得税	企业所得税由四六分成改为全额归地方	1. 税收充沛；2. 激励地方政府发展经济	1. 易加剧横向经济竞争；2. 不利于统一市场的形成
3. 房地产税	针对不动产开征房地产保有税	1. 房地产税有受益税性质；2. 未来税收增长潜力强；3. 有利于促进地方政府职能转变	1. 征管成本很高；2. 免税部分存在很大争议
4. 资源税和车船税	资源税和车船税作为地方税	1. 可部分弥补地方政府财力缺口；2. 有利于缩小东西部财力差距	1. 税收有限；2. 税基分布不均衡；3. 税收不够稳定
5. 转移支付	地方政府财力缺口通过转移支付解决	1. 增加中央政府控制力；2. 可调节地区财力差距	不利于发挥中央与地方两个积极性

由于上述各种方案的缺陷，分税制改革就产生了困境：为稳定政府间财政关系和缓解现行分税制所产生的问题，中国迫切需要寻找主体税种来建设地方税系，但是现实中却难以找到合适的税种满足这种要求。如何走出这个困境呢？

理想的地方税应满足以下标准：税基是非流动的、税基分布相对均匀、税收收益相对稳定。比较符合这三个标准的典型税种是房地产税，但是，即使是开征房地产税，其规模也会非常小，不具备成为地方主体税种的资格。基于此，从理想标准回到现实标准，选择地方主体税种时，应该考虑其是否有利于稳定政府间财政关系、是否有利于促进地方政府职能转变、是否有利于统一市场的形成。改革的重点只能落脚在商品税上。

| 第二节 |
开征零售税并作为地方税

一、零售税作为地方主体税种的理论依据

顾名思义，零售税是针对消费者的零售商品征税，属于商品税的范畴。理论上，商品税不适合作为地方税，这是因为：差别管理或税率会影响不同地区间的贸易，引发恶性税收竞争；如果根据目的地原则征税易造成逃税问题，如纳税人在甲地购买低税商品用于乙地；如果根据生产地原则征收，导致纳税人和负税人不一致，会造成税负地区转移问题（中国现行增值税就是如此）；商品税适合统一管理，由地方管理会造成管理成本和纳税遵从成本升高等问题。因此，世界各国一般做法是将大宗商品税归为中央税，只是零星地选择部分行业、部分商品的税种归为地方税。

如果进一步分析，可以发现商品的销售分为两个环节：生产环节和消

费环节。顾名思义，生产环节销售的商品（如钢铁、机器）用于生产，消费环节销售的商品（如衣服、食品）用于消费。生产环节商品的销售方是生产企业，购买该商品的是下游企业，销售规模取决于投资需求；消费环节商品的销售方是零售商，购买该商品的是消费者，销售规模取决于消费需求。由于这两者的区别，对生产环节商品征税和对消费环节商品征税的效果也不同：前者更易造成税负的地区转移；地方政府更易影响前者的纳税人行为。恶性税收竞争之所以能够产生，根源在于地方政府可以影响纳税人的行为。纳税人分为企业和个人，在中国现实背景下，地方政府能够影响的主要是企业而非个人。那么，如果将消费环节商品的税归为地方税，不就是既可以满足地方政府财力需要，又可以达到缓解将流动性税基作为地方税所产生的问题吗？

实际上，已有部分研究对此进行了探索。我们知道，欧盟各国普遍采用增值税，由此产生欧盟内部的税收执行和税率不统一问题，为解决这一问题，Keen 和 Smith 提出了整合性增值税（Viable Integrated VAT，简称 VIVAT）的设计方案①，其做法是将商品销售对象分为两部分，一是登记注册商户，二是未登记注册商户和家庭。针对前者的销售适用欧盟统一的税率；针对后者销售的税率可以有国家差别。如果将欧盟看作一个国家，将各国看作地方政府，那么完全可以在 VIVAT 的方案基础上进一步提出分税制改革方案：登记注册商户购买的商品定性为生产环节商品，对此征收增值税并作为中央税；未登记注册商户和家庭购买的商品定性为消费环节商品，对此征收零售税并作为地方税。下面进行详细设计。

---

① Keen M，Smith S. The future of value added tax in the European Union. Economic policy, 1996，11（23）：375-420.

二、开征零售税方案

零售税开征设计为:第一,在商品进入零售环节之后,按商品价格的一定比例征收零售税,并将零售税全额作为地方税[①];第二,继续全环节开征增值税,同时降低增值税税率。零售税和增值税并行的做法类似加拿大税制。加拿大联邦政府开征商品和劳务税,该税属增值税性质,税率为6%,为中央税;部分州政府开征销售税,税率为5%~10%,为地方税。

设定零售税税率应综合考虑提高地方政府财力和避免逃税因素,本章认为零售税税率应在3%~10%之间,以5%比较合适。零售税的税基基本为社会消费品零售总额,2020年该总额为391 981亿元,如果零售税税率设为5%,大体可实现19 599亿元税收。开征零售税仍不足以弥补营业税改革后地方财力的缺口,对此可以考虑将个人所得税综合征收部分(以对劳动征税为主)作为地方税。开征零售税后,势必加重居民生活负担,为此应将现行增值税税率由13%调低为10%。

需说明的是,零售税是税收增长潜力非常大的税种。零售税的税源来自居民消费,随着居民收入增长和社会保障体系的完善,中国居民消费会保持持续增长。加上个人所得税也是成长性非常好的税种,零售税和个人所得税一起,完全可以共同成为地方政府的主体税种。

三、开征零售税的预期效果

开征零售税具有七个方面较大的优势。

---

① 吕冰洋.零售税的开征与分税制的改革.财贸经济,2013(10):17-26.

第一，完善地方税系，破解了分税制改革困境。开征零售税使得地方政府从此具有了稳定的税源，迈出完善地方税系的重要一步。

第二，降低改革阻力。改革要取得共识，一般要使得被改革对象的利益得到一定程度的保护，开征零售税也是如此。从现行设计看，其兼顾了政府整体、中央政府和地方政府的利益，使改革阻力降低。

第三，有利于经济增长方式转变。改革后，增值税作为中央税，企业规模的外延式扩张不再会给地方政府带来增值税税收，原有体制对经济增长方式的不良影响降低。楼继伟指出，在原有体制下，"地方政府分享比例过高，不利于有效遏制地方追求数量型经济增长的冲动"[①]。财税体制的改革从根本上克服了维持地方政府财力需要和抑制粗放型经济增长的这一对矛盾。

第四，有助于转变地方政府职能。由于零售税的税源主要来自辖区居民的消费，这会促使地方政府完善消费基础设施，从更多维护厂商利益转向更多维护消费者利益（实际上也是为辖区居民负责），也推动国内消费需求的增长。

第五，有助于调节居民税负分配公平。我国税制结构以商品税为主，我们知道商品税一般具有累退性，会导致居民税负分配不公平，这是我国税制饱受诟病之处。为降低商品税累退性，现行做法是在基本税率外设置低档税率，适用范围是粮食、暖气、图书、农产品等与民生关系较密切的商品。但是这种减税做法未必使得居民得到全部好处，因为这些商品也有可能是下一环节的生产投入，减税的好处实际上是给了企业。例如，购买

---

① 楼继伟. 中国政府间财政关系再思考. 北京：中国财政经济出版社，2013.

粮食的企业可能将其用于酿酒，购买暖气、天然气、自来水等的主体可能是制造企业。另外，对企业来说，由于企业形态各异，增值税设置多档税率会产生"高征低扣"和"低征高扣"的税负分配不均问题。开征零售税后，可尽量统一增值税税率，通过调整零售税率来调节居民税负分配，如对食品可以实行低档税率。由于零售税是在商品销售的终端环节课征，减税可以保证基本降低居民的税收负担。也就是说，零售税调节居民税负分配比增值税更加灵活有效。

第六，有助于缩小地区财力差距。开征零售税之所以能够缩小地区财力差距，其中原因在于：一个地区可以没有工业（不能提供相应的增值税），但是不能没有商业。我国地区之间商业发展程度的差异远小于工业发展程度的差异。

第七，税收增长潜力强。从经济发展整体趋势和中国文化特点看，随着人均收入水平的提高，我国逐渐进入大众消费时代，征收零售税会使得税收增长保持一定速度，从而减轻财政压力。

四、开征零售税的相关征管问题

开征零售税后，增值税的征收环节要一直延伸到终端零售环节。也就是说，在终端零售环节同时征收增值税和零售税。如果增值税链条终止于终端零售的前一环节，会产生两个问题：一是关联纳税人会利用批发价格和零售价格之间的转让定价策略降低增值税税负；二是兼营零售和批发业务的商家在购买环节取得的增值税进项中，用于零售的不可以抵扣，用于批发的可以抵扣，二者难以有效区分。

零售商需要进行零售税登记，只有完成零售税登记的纳税人才允许从事零售经营。我国的零售环节存在大量的小规模纳税人，所以税控系统的建设就显得极其重要。商家不论大小，销售商品和提供应税服务时，都要通过税控系统完成收款，并在票据上注明税额。目前我国的税控系统技术比较成熟，零售商家安装税控系统后，零售信息可以直接或间接上传到税务系统的数据库中。为了降低征管难度，零售税的免税范围要控制在尽可能小的范围，比如基本食品、医疗服务、养老服务方面；而且要尽量避免按购买者主体身份给予税收减免①，以防止购买者利用身份差别规避零售税。对某些难以区分用于消费还是用于生产投入的特殊零售商品，如加油站销售的汽油，应该统一认定为零售税征税对象。

从我国历史经验看，一个新税种的开征，会面临许多的管理细节问题。例如，1994 年增值税改按发票进行管理后的很长一段时间内，出现了大量的虚开增值税发票案件。但总体上讲，增值税在我国的运行是成功的。本章重点研究总体的税收机制设计，不可能详尽阐述全面的管理细节，还有待于税收实务界就此进行更深入、更细致的探讨。但是加拿大的联邦增值税和地方增值税以及地方零售税的协调运行，说明了增值税和零售税的同时开征是可行的。不能因为一些未预料到的零售税征管问题，而轻易否定开征零售税的可行性。

---

① 可以利用相应的财政转移支付方式代替免税方式来实现对特定主体的照顾。

| 第三节 |

增值税分享改革的方案

即使是开征了零售税，如前文所述，大体可实现 19 599 亿元税收，其规模也不足以满足地方财政收入的需要。中国第一大税种是增值税，且实行中央与地方 50∶50 分享，在未来相当长一段时间内，增值税作为全国和地方主体税种的地位不会改变，要满足地方政府财政收入需要，仍需要在增值税分享方案上打开突破口。

一、增值税分配的国际经验及改革思路

不但是中国，在世界范围内，只要是地方享有增值税，就免不了产生联邦（中央）与地方之间的增值税协调问题，协调既要保障各级政府财力，又要避免可能产生的扭曲，为此，财政学家提出增值税分配的三种代表性改革方案。

（一）整合性增值税（Viable Integrated VAT，简称 VIVAT）

该方案由 Keen 和 Smith 提出，主要是针对欧盟内部增值税协调机制

设计的①。其核心内容是：（1）在税率设定方面，在全欧盟范围内对注册商户之间的交易执行统一的税率，但允许各国在终端零售环节保持税率自主权；（2）在管理链条方面，欧盟成员国之间取消现行的过渡政策中的出口零税率政策，出口国在出口环节征收出口环节增值税，但是进口注册商户在此环节承担的增值税会由进口国在进口方再销售环节给予全额抵扣；（3）在收入划分方面，成员国之间需要按照根据消费地原则进行清算以重新划分收入，即出口国要将其征收的出口增值税支付给进口国；（4）鉴于管理和清算的困难，个人跨境的现场购物，仍按生产地原则确定增值税收入的归属。

（二）双重增值税（Dual VAT，简称 DVAT）

该方案由 Bird 和 Gendron 提出，其将同时开征联邦（中央）增值税和省增值税的机制称为双重增值税②。方案的原型是加拿大的魁北克省，在联邦政府征收联邦增值税的前提下，魁北克省还征收地方增值税，征税范围是本省境内的交易，税率由魁北克省自行确定；联邦增值税和魁北克省增值税统一由魁北克省税务机构征收。魁北克省按照消费地原则确定魁北克省增值税收入归属。针对加拿大其他省份或其他国家的出口，魁北克省实行增值税出口零税率政策；来自加拿大其他省份或其他国家的进口，需要缴纳进口环节的魁北克省增值税。但对注册商户的进口增值税的处理，采用递延付税的办法，即不在进口环节立即征收地方增值税，而是在进口

---

① Keen M，Smith S. The future of value added tax in the European Union，Economic policy，1996，11（23）：375-420.

② Bird R M，Gendron P P. Dual VATs and cross-border trade：two problems，one solution？. International tax and public finance，1998，5（3）：429-442.

商的销售环节全额征收地方增值税。

（三）补偿性增值税（Compensating VAT，简称 CVAT）

该方案由 McLure 提出[①]，被认为更适合于征管能力较弱的发展中国家和转型国家。做法是联邦（中央）和州（省级）政府均可对辖区内购买者（包括登记注册的商户、家庭和非登记注册的商户）的销售征收增值税，但是对辖区外购买者的销售征税将归联邦（中央）政府所有。方案要点是：（1）设立联邦增值税、州增值税和补偿性增值税。（2）联邦增值税在全国范围内征收，税率全国统一。（3）州增值税适用于本州的州内交易，税率由各州独立设定；对跨州交易的出口方，实行出口州的州增值税零税率政策；如果跨州进口方是注册商户，该进口环节的本州增值税可以递延到本州州内再销售环节缴纳。（4）联邦增值税和州增值税税基统一。（5）补偿性增值税在本国跨州交易出口环节对出口方征收，它由联邦税务机构负责征收管理并归联邦政府所有，跨州进口方（限注册商户）所承担的补偿性增值税的进项税额可以通过联邦税务机关得到抵扣。（6）补偿性增值税税率全国统一。

（四）VIVAT、CVAT、DVAT 三种机制的综合比较

Bird 和 Gendron 较为全面地总结了 VIVAT、CVAT 和 DVAT 三种机制[②]，见表 10‐2。

---

① Mclure C E. Implementing subnational value added taxes on internal trade：the compensating VAT（CVAT）. International tax and public finance，2000，7（6）：723‐740.

② Bird R M，Gendron P P. CVAT，VIVAT，and Dual VAT：vertical "sharing" and interstate trade. International tax public finance，2000，7（6）：753‐761.

表 10-2 VIVAT、CVAT 和 DVAT 体制的优点和缺点

项目	VIVAT	CVAT	DVAT
税率自治	部分	部分	是
中央税率设定	部分	部分	否
征税激励	未知	未知	部分
管理成本	可能最高	较高	低
区别购买者类型	是	是	否
抵扣溯源	是	否	否
所需征管水平	高	低	高
需要中央征管机构	否	是	是

从表 10-2 中可看出，三种增值税改革方案各有利弊，采用哪种改革方案要充分考虑到国情、征管技术甚至税收文化等因素。

从国内外经验分析中可以看到，增值税不适宜根据生产地原则在中央和各地之间分成。VIVAT、CVAT、DVAT 三种方案的提出，主要意图就是为了避免按生产地原则分配增值税所产生的扭曲作用，最大限度使得增值税保持中性。为此，应按消费地原则改革增值税。借鉴 VIVAT、CVAT、DVAT 的正反两方面经验，我提出三种增值税改革方案，其中第一种方案可以与第二、三种方案并行。

二、我国增值税改革的三种方案

（一）方案一：降低增值税税率，开征零售税

此方案借鉴 VIVAT 思路，基本内容为：增值税税率降为 10％ 左右，仍实现中央与地方 50：50 分享；新开征零售税，税率为 5％ 左右，全额作为地方税。在第二节中，已提出具体的零售税开征思路，这里不再赘述。

（二）方案二：以消费为依据进行增值税分成

从世界各国经验看，大规模开征新税受到的制约较多，也易引发社会各界强烈抵制，为此，本章提出改革力度较小的替代方案，那就是重新调整增值税分成比例及分享方式。核心做法是：中央政府与地方政府增值税分享比例仍为 50∶50（分享比例不是固定的，也可以提高地方分享比例），地方政府获得增值税的依据是各地区社会消费品总额占全国社会消费品总额的比例。

在确定地方增值税收入归属时，相对于生产地原则而言，消费地原则在生产要素配置方面更具有税收中性。在增值税税收收入按照消费地确定归属的情况下，增值税的征税水平由消费地的增值税税率决定。销售往同一地区的生产厂商，不论来自哪一个生产地，都会面临相同的增值税税率。生产地政府给予生产厂商的优惠税率或税收返还等措施，不会直接增加本地消费，因而不会直接增加生产地的增值税收入，地方政府失去给予生产厂商优惠税率或税收返还的动机。

方案二的优点是：以商品和资本为代表的流动性税基全为中央税税基，抑制了地方政府追求辖区企业规模扩张的冲动，原有的分税体制对经济增长方式的不良影响降低；可兼顾全国财政收入、中央政府财政收入和地方政府财政收入的规模大致不变，使各方利益得到保护，改革阻力降低；促进地方政府完善辖区消费设施和保护消费者利益，有利于推动消费需求增长；缩小地区财力差距。不足之处：一是地方政府仍缺乏主体税种，从长远看地方税系仍不完整；二是需准确核算各地社会消费品销售总额，地方政府有可能干预相关统计。

本章不建议按照人口比例实施增值税二次分成，原因在于，中国人口流动性强，官方很难及时取得各地区实时的、精确的人口分布数据。城乡收入差距的客观存在，导致了农村大量剩余劳动力进入城市谋求生存和发展的机会。中西部地区和东部发达地区之间的收入差距，又是跨省人口流动的主要原因。而中国城市化进程正在加快，形成了流动人口的承接空间。尤其是随着未来户籍改革政策的实施，家庭型迁移成为新生代流动人口的主要流动模式，人口流动性会进一步加强。

（三）方案三：增值税按销售对象进行清算调整

第二种方案存在的问题主要是要详细统计当地社会商品零售额数据，地方政府有可能干预数据统计。对此，还可借鉴补偿性增值税 CVAT 思路，CVAT 设计的方案是对下级政府辖区内购买者（包括登记注册的商户、家庭和非登记注册的商户）的销售可征收地方增值税，但是对辖区外购买者的销售征税将归中央政府所有。考虑到中国的国情，可以反其道而行之，根据增值税发票信息来确定中央政府与地方政府的分税比例，将商品销售分为辖区内销售和辖区外销售两部分，根据两者比值分割增值税，前者为中央税，后者为地方税。该方案的优点是地方税收来自辖区外经营活动，地方政府难以干预经济运行，不会产生税收扭曲。

该方案能够成立的前提是增值税税控系统能够区分省外和省内销售。随着信息技术的进步，高存储能力的设备、高速率的网络已经出现，我国现有的高度集中的"金税工程"系统能够保留跨省交易记录，并且能迅速确定各省税收清算比例，因此管理成本不会增加①。

①　如果要进一步在市、县之间分配增值税，可以由各省决定分配依据。如市、县之间的分配也根据消费地原则，则在税收征管软件中和纸质发票上都要进一步包含购买方所在市、县信息。

不论是哪种方案，其焦点均放在增值税改革上。在这三种方案比较中，我认为，从长远看应坚持分税方向，有必要开征零售税，因为零售税对地方积极性的调动作用明显强于其他两种方案。另外，增值税各种分享方案对地方政府行为和市场行为的影响是不一样的，为降低改革成本，可以考虑综合使用各种方案，并选择部分市县级地区进行试点。

| 第四节 |

个人所得税改革：重视收入功能、发挥局部调节功能

一、功能定位：重视收入功能、发挥局部调节功能

个人所得税的主要功能是什么？大多数人会认为是调节收入分配，实际上这个判断有些含糊，无助于问题解决。需要深入分析的是，如何发挥个人所得税的调节收入分配功能？是宽税基还是窄税基？是高累进税率还是低累进税率？是针对综合所得征收还是针对分类所得征收？这不是轻易就可下判断的事情，需要深入结合理论和国情进行分析。

理论上，个人所得税的功能有二：调节收入分配、筹集财政收入。简称调节功能、收入功能。这两个功能之间有冲突、有互补，是矛盾的对立

统一体，个人所得税的改革方向与个人所得税的准确功能定位密切相关，下面逐一分析。

第一，个人所得税的调节功能。个人所得税通过累进税率设计，让高收入者多纳税，由此起到调节收入分配的作用。但实际上，我国个人所得税对调节收入分配的作用远低于预期。文献普遍认为，个人所得税对收入分配的整体调节效果可用征税前后的基尼系数变化观察，研究表明，我国个人所得税仅使基尼系数降低了 0.003 9，仅为税前收入基尼系数的 0.87%[①]。那是不是因为我国个人所得税制度不完善导致它的调节功能不能充分发挥？也不尽然，大多数发展中国家个人所得税对降低基尼系数的作用都很有限。即使是相对发达的 OECD 成员国，其个人所得税占税收收入比重高达 23.49%，才和社会保障缴费一起，使基尼系数降低了 0.039，为税前收入基尼系数的7.86%。降低基尼系数最主要的财政手段是社会保障支出[②]。也就是说，如果过于看重个人所得税对降低基尼系数的效果，那很难达到政策预期。

第二，个人所得税的收入功能。个人所得税实际上是增长潜力巨大的税种。党的十八大以来，我国历次改革文件提出的税制结构的优化方向是提高直接税的比重。直接税主要包括企业所得税、个人所得税和房地产税（这里不包括社会保险缴费），企业所得税税率不可能再提高，房地产税开征的难度很大，即使开征，根据世界各国经验，它在整个税收中的比重也会很低，因此，提高直接税比重主要的着力点在个人所得税。OECD 国家个人所得税占整个税收的比重约为四分之一，其筹资功能几乎与企业所得

① 张玄，岳希明，邵佳根. 个人所得税收入再分配效应的国际比较. 国际税收，2020（7）：18-24.

② Koen C，Kees G，Chen W，et al. Incoms inequality and fiscal redistribution in 31 Countries after the crisis. Comparative economic studies，2018（79）：1-30.

税相当（见图 10-1）。要发挥个人所得税的筹集财政收入功能，就应该选择宽税基设计，也就是说，个人所得税纳税群体规模要大。不是仅对高收入者征税，而是覆盖更多的纳税人，这就与很多人心目中的"富人税"期待相反。但是，也应充分认识到，在我国个人所得税要成长为主体税种，还有很长的路要走。马珺以美国联邦个人所得税为例，说明个人所得税通往主体税种之路，需要多种经济社会条件的支持，如形成公平有序的社会分配结构、弥合社会价值观的分歧、实现公共资金使用的公平和高效、建立完善的直接税税收征管制度等①。很明显，个人所得税成为主体税种不是由税制自身改革就可以推动的，需要经历一个缓慢的成长过程，随着经济社会整体发展而逐渐成为事实。

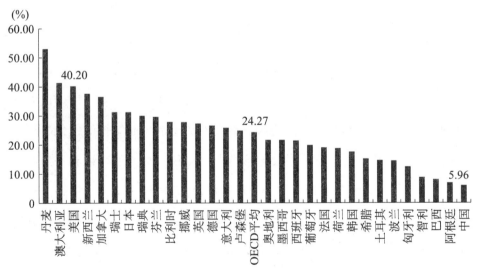

图 10-1　世界主要国家个人所得税收入占税收收入比重（2016 年）

注：世界大多数国家开征社会保障税，为便于国际比较，图中将中国的社会保障收入计入总税收并扣除财政补贴部分。

资料来源：中经网统计数据库和 OECD、IMF 网站。

———————————

① 马珺.通往主体税收之路：以美国联邦个人所得税为例.税务研究，2020（4）：55-61.

从我国个人所得税改革历程看，对这两方面功能先后的定位不同，影响着个人所得税的改革方向。每当个人所得税较快增长一段时间，就会出现不少以提高个人所得税起征点（实为免征额）为主的改革建议，这使得我国个人所得税比重从未超过整个税收收入的 10％，并且个人所得税调节分配的作用也一直非常有限。

我认为，问题的核心是如何看待个人所得税的调节功能。个人所得税调节功能分为整体调节与局部调节两种，整体调节指的是对降低整体基尼系数的作用，局部调节指的是选择重点人群进行调节。前文指出，如果看重个人所得税的整体调节功能，那么从我国实际和世界经验看，它的作用会是很有限的。而局部调节是选择重点人群进行调节，看重的不是它降低整个基尼系数的作用，而是对高收入者特别是超高收入者的调节作用。理由有二：一是政府有更多的手段来降低基尼系数（如社会保障、乡村振兴、区域均衡发展战略），没必要过于强调个人所得税的作用；二是民众对公平的感觉并不是来源于基尼系数，而是对顶端和底层人口生活状况的对比，对超高收入者征税可发出强烈的政府重视公平的信号。其他政策工具对个人收入的"抬低"作用明显，但是"限高"的作用有限，个人所得税正好与其他政策工具发挥互补作用。

沿着这个思路，就会找到个人所得税两方面功能发挥的平衡点：一方面，加强对超高收入的调节力度，不必在意个人所得税降低基尼系数的作用，这看重的是个人所得税的局部调节功能的发挥；另一方面，降低个人所得税在低档税率区间的累进度，保持免征额长时间稳定，稳步扩大个人所得税纳税群体，这看重的是个人所得税的收入功能的发挥。这样，既不必诘难个人所得税降低基尼系数效果弱，也不必忧心个人所得税在整个税收中的比重像"长不大的孩子"。

特别需要强调的是，超高收入者是社会中创造价值能力最强的一批人，要保护他们的创造性和积极性。加强对超高收入者的税收调节，主要落脚点是解决税制设计不合理问题和弥补税收管理漏洞。例如，解决税制设计中"重劳动所得、轻财产所得""劳动所得和经营所得存在税率剪刀差"的问题，弥补税收管理中税收信息采集乏力、核定征收不合理、税收返还泛滥的漏洞。

二、发挥个人所得税局部调节功能的改革措施

（一）加强个人所得税对大额财产所得的调节

财产所得在我国超高收入群体的收入来源中所占比重越来越大，随着居民部门的财产积累增加，这种态势愈加明显。根据国家统计局的数据，我国城镇居民收入当中财产所得的占比已经从 2007 年的 3.4％增加到 2020 年的 10.7％。北京等一线城市的城镇居民收入当中，财产所得占比已经超过 20％。超高收入群体的财产所得占比更是远高于社会平均水平。

我国个人所得税目前对各类劳动所得实行综合计征，各类财产所得实行分类计征。但是在税率设计上，存在"重劳动所得、轻财产所得"的格局。目前，劳动所得最高适用 45％的边际税率，但各类财产所得税率仅 20％一档，缺乏累进性，且相当一部分财产所得还可以享受减免税的优惠。对超高收入群体的财产所得缺乏有效调节的税制现状，不仅加剧了最终收入分配向资本倾斜、不利于劳动的局面，也阻碍了居民收入代际流动性的提高，从而固化了阶层差距。同时，由于财产所得与劳动所得之间存在税率剪刀差，一部分超高收入群体将自己的劳动所得转换为财产所得，

以达到偷逃税款的目的。例如，当劳务报酬数额较大时，一些纳税人不直接收取劳务报酬所得，而是要求对方收购自己持有的公司股份。这类行为不仅造成国家税收流失，也削弱了税收调节超高收入的作用。

改革方向是应适当加强个人所得税对大额财产所得的调节。首先，对一个纳税年度取得大额股息红利所得的，不再给予减免税优惠。我国目前对于非上市公司的股息红利所得适用 20% 的统一税率，对于上市公司的股息红利所得，为了鼓励长期投资，对持有股票 1 年以上的免征所得税，对持有股票满 1 个月但不满 1 年的，减半征收。这一减免税规定，导致税收对大额股息红利所得缺乏有效的调节。因此对于上市公司的股息红利所得，可以考虑不论持有时间长短，一年内取得股息红利超过 200 万元的，恢复按照 20% 的税率课征。这一改革不涉及修改《个人所得税法》，国务院可以颁布实施。

其次，为进一步加强对超高收入群体的税收调节，可以考虑修改《个人所得税法》，提高大额财产所得的税率，将股息红利所得和财产转让所得改为两档累进税制。对一年内股息红利所得或财产转让所得在 500 万元以下的，仍按照 20% 税率课征。在 500 万元以上的超额部分，按 25% 甚至更高税率课征。

针对财产所得，社会上另一种主张是将其计入综合所得，与劳动所得合并计征，使其适用更高的边际税率。这固然可以在更大力度上调节超高收入，但是财产所得的税负提升过大，也会挫伤投资者的积极性，产生负面后果。在全球化背景下，资本流动性较高，对财产所得课征过高的税率也会产生资本外流的风险。因此，改革方案应当折中进行，求得效率与公平之间的均衡。事实上，很多国家也未将财产所得完全与劳动所得合并课征，一般而言，财产所得税率低于劳动所得税率。

（二）维持综合所得45%的最高边际税率不变，但适当调高适用45%税率的收入下限值

我国个人所得税对综合所得的最高边际税率是45%，这不仅是征多少税的问题，也是一个重要的推动共同富裕的信号，不宜改变。但也要考虑到，高端人才特别是国际高端人才劳动所得普遍较高，过高税率不利于吸引优势人才。为了解决上述问题，可以调整最高边际税率的征税下限，由现在的96万元提高至200万元。应纳税劳动所得在96万元至200万元的群体，收入不能称得上畸高，其中相当一部分是高端科技人才，适度降低这部分群体的税负，可以更好地竞争国际高端人才。

与此同时，应仍然保留45%的最高档税率，主要基于以下理由：第一，年劳动所得超过200万元的群体，主要是演艺明星、网络主播、大公司高管等，其收入固然来自劳动，但是与其劳动付出相比畸高。第二，保留45%的最高边际税率，不仅可以发挥调节超高收入的实质作用，也具有很强的象征意义，是政府在促进共同富裕上的重要政策宣示。第三，与世界主要大型经济体相比，我国个人所得税最高边际税率并不算高。例如，日本为56%，法国、德国、英国均为45%。美国尽管联邦个人所得税最高税率为37%，但是加上州政府所得税，合计税率并不低，例如加利福尼亚州的州最高所得税率达到13.3%。尽管与新加坡等相比，我国的个人所得税税率相对较高，但是我国作为超大型经济体，税率与小型经济体不具有可比性。

（三）将经营所得纳入综合所得范围，缩小核定征收范围

在目前的个人所得税制中，经营所得未纳入综合所得。经营所得35%

的最高边际税率，低于劳动所得 45％ 的最高边际税率。而且，部分地区的税务机关采用核定征收的方式征收个人经营所得税，核定范围大、核定率过低，导致经营所得实际税负偏低。

经营所得的税率低于劳动所得，主要造成以下两方面问题：第一，违反了横向公平，大多数经营所得本质上主要属于劳动所得，不宜与工资薪金有较大的税率差异。第二，税率差异诱使部分超高收入群体将劳务报酬转换为经营所得，导致税收流失。如一部分演艺明星、网络主播往往以成立个人工作室的名义，将劳动报酬转为个体企业的经营所得，当个体企业经营所得采用核定征收方式时，会使得税收流失比较严重。

改革有两步。首先，将经营所得纳入综合所得范围。经营所得的最高边际税率尽管由 35％ 提高至 45％，但是结合上一条建议，综合所得 200 万元以上才适用 45％ 税率。因此，大多数中小规模的个体工商户，年经营所得低于 200 万元，仍然处于 35％ 及以下的税率层级，税负并未提升。其次，应该大幅度缩小经营所得适用核定征收的范围，严格制定核定征收的门槛。如年经营所得超过 100 万元或年营业收入超过 500 万元的，不再适用核定征收方式，而改为查账征收。对于会计账簿不规范、小型微利的个体企业，仍可选择核定征收，但是核定的应纳税所得，与综合所得合并计征。

（四）禁止地方政府违规进行税收返还的行为

一些地方政府在招商引资、吸引高端人才时，以先征后返、财政补贴的形式，对企业高管、高端人才的个人所得税进行全部或部分返还。一些地方政府为了异地引税，也对演艺明星工作室等个体或合伙制企业采用核定征收的方式，降低其实际税负。这不仅导致财政资金的实质性流失，也严重削弱了税收在调节收入分配中的作用。因此要由中央政府出台专项办法，禁止地方政府自行出台变相的个税优惠政策。

第五节

开征房地产税并作为中央税

房地产税是举国关注的税种，世界范围内开征房地产税的国家，大多将房地产税作为地方税，并实行普遍征收，因此在一般人眼中，房地产税会涉及非常多的家庭，社会各界一直对此表示强烈的关注。从 2003 年党的十六届三中全会提出"条件具备时对不动产开征统一规范的物业税"以来，社会各界对要开征房地产税已经产生了强烈的预期。近些年来，在一系列党中央和国务院重要文件中，也反复强调要开征房地产税。现在开征房地产税面临着两难局面，不征会降低政府公信力，开征的话收效微而风险高。我国在开征房地产税问题上陷入举棋不定之境。

我在很长时间内，也认为房地产税应该是地方税，且在地方财力建设中会发挥重要作用。但是，近年来经过深入思考，我觉得中国开征房地产税不能照搬其他国家做法，符合中国国情的房地产税应该是：中央税、选择性征收、累进税率。下面进行论证。

一、如果房地产税是地方税，它能起到抑房价、筹收入、调分配的作用吗？

很多人认为，房地产税有三方面功能：抑房价、筹收入、调分配。实际上，如果将房地产税作为地方税，它必然是"宽税基、低税率"的设计，这三方面功能因之表现不佳，这在世界各国房地产税实践中也反复得到证实。

第一，开征房地产税能起到抑制房价的作用吗？进入全球化时代，世界上许多国家存在中心城市房价迅速上涨现象。房价变动主要与土地、人口、货币因素有关，与房地产税关系不大。日本、韩国等国家均开征房地产税，基本没有发现房地产税对房价具有抑制作用的例子。而作为地方税的房地产税一定是低税率设计，也不可能指望它对房价有抑制作用（就像高档社区的高物业费不会抑制高房价一样）。

第二，开征房地产税能起到充当地方税主体税种的作用吗？我国在2016年进行"营改增"改革后，作为地方政府主体税种的营业税已消失，目前地方政府主要税收来源于增值税和企业所得税共享收入，而这两种税均有较大的扭曲作用。因此很多人期待开征的房地产税可以作为地方政府主要财政收入来源。但是由于房地产税的低税率设计，它的筹资功能会是很有限的。

有两点原因导致房地产税规模很小：一是为降低税收征管成本，它的适用税率一般很低；二是房地产税按评估价值征税，房地产评估价值对经济活动调整的反映通常慢于所得或消费。图10-2显示了OECD各国房地产税平均规模，可以看到，房地产税只是财产税的一种，且有很大一部分是由单位缴纳，除了英、美、法这三个房地产税征收比较成熟的国家，OECD成员国家庭缴纳的房地产税占GDP的比重仅为0.38%。由此可大致判断，中国若开征房地产税，在相当长时间内其占 GDP 比重不会高于 0.4%。房地产税征管机制的建设、纳税人意识的提高需要较长时间，在相当长时间内，房地产税的收入规模将是很有限的。

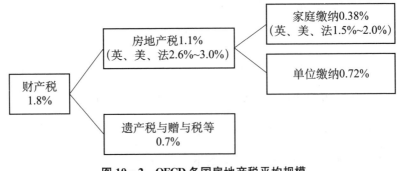

图 10-2　OECD 各国房地产税平均规模

资料来源：http：//stats. oecd. org.

第三，房地产税能起到调节分配作用吗？目前大众的现实感觉是，一方面不少富人拥有较多的房子，另一方面社会底层甚至中产阶层购房压力很大，这种强烈的对比让很多人产生一种幻觉，开征房地产税会让富人多交税，并把空置的房子卖掉，有利于改善分配状况。但是只要房价在上涨，或者房租高于税收，购房就有利可图，它对分配改善的作用就难以发挥。实际上，目前税法对居民出租房子的租金收入征税并不低，如北京市规定，对月租金 10 万元以下的房子按租金征税，综合征税率为 2.5%（据了解，逃税也是普遍现象）。如此高的税都没有起到调节分配作用，更别说是房地产税。并且富人的资本配置方式更为多样，通过开征房地产税来调节分配过于理想化了。相反，因为房地产税与公共服务挂钩，愿意享受较好公民服务的居民就会选择居住在一起，如果房地产税税率高，倒有可能起到加剧社会分层的作用。

房地产税最主要的功能会是什么？从理论上看，房地产税的税基来自房地产的评估价值，而房子评估价值与政府在周边提供的公共服务密切相关，如学校、医院、交通等，因此房地产税本质上是居民对所享受的公共服务付费，也就是说它是一个受益性税种。因此房地产税在很大程度上接近物业费，只不过物业费是针对小区范围的公共服务收费，而房地产税是针对县级（在中心城市就是区级）范围的公共服务征税。

因为房地产税与公共服务挂钩，且是从居民手里直接征税，因此它具有两个特性：税收痛感强、公共服务期待高。比如说，居民会要求政府预算透明公开、纳税人权利保护、回应居民对公共服务的需求等等。一旦居民的这些要求得不到满足，其要么会采取逃税甚至抗税行为，要么会向政府施加压力。从好的一面看，有利于倒逼地方政府公共治理水平提高，从坏的一面看，是社会风险的潜在爆发口，不可不慎。

二、如果房地产税是地方税，可以实行家庭首套房产免税政策吗？

社会各界最关注房地产税如何设计。主要集中存在以下两个问题：

第一，家庭首套房子是否可免税？大众流行的认识是首套房产会免税，然而如果将房地产税作为地方税，这恰恰是在税收征管上最难操作的。例如，一个家庭在不同城市各拥有一套房产，请问哪套房产是首套房产？如果根据房产证登记时间来判定，那么纳税人随时可以通过房产买卖，将最有价值的房产变为首套房产来免税。何况，房地产税是地方税的话，首套房子认定关系到地方税源问题，地方政府会在首套房产认定问题上展开税收竞争。

第二，征税是否要按人均面积扣除？有人认为，房地产税要考虑居民的基本居住需要，按人均面积（如人均 60 平方米）扣除。这种做法的可操作性也很小。一是上面提到家庭在不同地区有不同房产的问题仍难以解决；二是将导致房地产市场结构扭曲，纳税人的一个现实做法是将价低面积大的房产卖掉，而买价高面积小的房子；三是按人均面积扣除实际上会引发新的不公平，如富人区的房价高于穷人区，按人均面积扣除实际上是为富人减税。

但是，社会的普遍心理是首套甚至第二套房产免征房地产税，如果不免征的话，强行开征房地产税将与这种社会心理产生对抗，势必难取得良好效果。

因此，综合以上分析，如果将房地产税作为地方税，那么不但在税收征管上难以操作，而且即使勉强实行，也很难达到抑房价、筹收入、调分配的效果，既然如此，就应该另辟蹊径，考虑将它作为中央税的可行性。

三、房地产税两步改革设计

房地产税改革应该分两步：第一步，在相当长时间内，按中央税设计；第二步，未来视时机转为地方税。

作为中央税的房地产税设计思路是：窄税基、累进税率。

第一，窄税基。选择全国 36 个重点城市或 70 个大中型城市，根据全国房地产联网信息，税务部门可以掌握每个家庭拥有的房产状况，在此前提下，允许每个家庭在一定面积内扣除两套房产。例如，每个家庭允许扣除 360 平方米，或者扣除两套房产。超过部分属于征税对象。

第二，累进税率。税务部门按照房产评估值，在家庭免税房产范围之外的，按照房产登记时间按累进税率征税，从第三或第四套房产开始，从 0.5％税率起步，每 1％税率为一档，按照 0.5％、1.5％、2.5％……的税率递增。这样，随着家庭持有房产越来越多，纳税也越来越多，在持有房子的收益超过持有的成本后，家庭持有多余房产的意愿会迅速下降。

将房地产税作为中央税有如下好处：

第一，改革阻力小。对家庭第三套或第四套房产征税，会将绝大多数家庭排除在征税范围之外，将征税对象集中在全国少部分家庭，不被征税家庭会赞同征税，被征税家庭也很难提出反对意见，改革阻力一下子会小很多。

第二，迅速起到调整房产分配和抑制房价作用。按累进税率设计的房地产税，将使得家庭持有房产的成本随着房产增多而急剧上升，一般来讲，当税率超过 10％时，即持有第 7 套或第 8 套房产时，家庭就会觉得持有房产不值得，就会将多余房产交易出去，由此会迅速起到调整房产分配和抑制房价的作用。

当然，为了改革易于推行，中央政府统一征税后可再按税收来源分配给地方，在名称上仍称之为"地方税"，实际上，它属于税收返还，称之为地方税或转移支付均无不可。

以中央税形式来征收房地产税是当前经济社会背景下的最优选择，但不一定要永远如此。随着时间推移，当基层政府治理比较完善、民众对房地产税的接受度提高、房价不再引发社会焦灼时，可以视时机将房地产税转为地方税并实行普遍征收，充分发挥它的促进地方治理的功能。至于说何时转为地方税，可以不必着急，条件不成熟，就不要按地方税来设计。

在未来，将房地产税作为地方税需要展开广泛的全民讨论。在基层社会中，通过广泛讨论让人们了解房地产税，明白自己真正的权利和义务，并能通过地方人民代表大会集体表达愿望。如果在经过广泛讨论并且是由地方人大决定要征税的时候，还有人不缴税，抗税者实际上对抗的不是政府，而是当地人大和当地居民的整体意志。就像在一个社区，如果有人不交取暖费导致停暖，那么他伤害的是大家的利益，而不是供热公司的利益。这样就会把开征房地产税带来的风险控制在基层社会层面，并得到最大限度的化解。

西方关于什么是最好的税，有一句通俗的话："拔最多的鹅毛，听最少的鹅叫。"中国古代政治家管子也说，政府收支要做到"取之无形，而予之于有形"。改革总是要在实现改革目标的前提下尽可能减少社会震荡，将房地产税作为中央税可产生这样的效果。

第六节
结　论

中国现行分税制存在地方税系不完整、不利于转变经济增长方式、不利于地方政府职能转变等问题，但在现行税制框架内，很难找到妥善的解决方案。从过去的经验看，中国分税制改革与税制改革往往联系在一起。本章研究符合中国高质量发展阶段的分税制与税收制度联动改革方案，结论为如下几点：

第一，开征零售税并作为地方税，引导地方积极性发挥方向转变。在商品零售环节开征属于一般性消费税性质的零售税，税率为 5％并作为地方税，同时增值税税率下调为 10％。改革会起到引导地方政府职能转变、缩小地区财力差距、有利于经济增长方式转变等良好作用。

第二，改革增值税分享方案，改变对地方政府的激励动机。有两种方案可选择：一是地方政府分享增值税的依据是当地消费占全国消费的比例，它起到的效果是引导地方政府从关注投资到关注消费者利益；二是根据增值税发票信息将商品销售分为辖区内销售和辖区外销售两部分，根据两者比值分割增值税，前者为中央税，后者为地方税，它起到的效果是鼓励地区间贸易发展，并减少地方政府对本土市场的干预。

第三，个人所得税的功能定位是：重视收入功能、发挥局部调节功能。一方面，稳步扩大个人所得税纳税群体，完善各种经济社会条件，让个人所得税逐渐成长为重要财政收入支柱。另一方面，加强对超高收入的调节力度，不必在意个人所得税降低整体基尼系数的作用，而看重其局部调节功能的发挥。具体改革为加强个人所得税对大额财产所得的调节、调高适用 45％税率的收入下限值、将经营所得纳入综合所得范围并缩小核定征收范围、禁止地方政府违规进行税收返还的行为。

第四，中国特色的房地产税改革方案是：在中短期时间内，房地产税按中央税、累进税率、选择性征收来设计；长期按地方税、比例税率、普遍性征收来设计。在当前经济社会条件下，按照中央税定位设计房地产税，会起到减少改革阻力、调整房产分配和抑制房产投机行为等良好效果，是房地产税改革破局良策，将来可视时机转为地方税并调整政策。

参考文献

[1] 阿西莫格鲁, 罗宾逊. 国家为什么会失败?. 李增刚, 译. 长沙: 湖南科学技术出版社, 2015.

[2] 奥尔森. 权力与繁荣. 苏长和, 嵇飞, 译. 上海: 上海世纪出版集团, 2014.

[3] 奥斯特罗姆. 公共事物的治理之道: 集体行动制度的演进. 余逊达, 陈旭东, 译. 上海: 上海译文出版社, 2012.

[4] 巴泽尔. 国家理论: 经济权利、法律权利与国家范围. 钱勇, 曾咏梅, 译. 上海: 上海财经大学出版社, 2006.

[5] 波兰尼. 大转型: 我们时代的政治与经济起源. 冯钢, 刘阳, 译. 杭州: 浙江人民出版社, 2007.

[6] 财政部预算司. 中国省以下财政体制 2006. 北京: 中国财政经济出版社, 2007.

[7] 陈抗, Hillman A L, 顾清扬. 财政集权与地方政府行为变化: 从援助之手到攫取之手. 经济学 (季刊), 2002 (4): 111 - 130.

[8] 陈少强, 覃凤琴. 新中国成立 70 年的税收治理逻辑. 税务研究, 2019 (10): 24 - 28.

[9] 陈晓光.财政压力、税收征管与地区不平等.中国社会科学，2016 (4)：53-70.

[10] 弗鲁博顿，芮切特.新制度经济学：一个交易费用分析范式.姜建强，罗长远，译.上海：上海人民出版社，2015.

[11] 福山.政治秩序与政治衰败：从工业革命到民主全球化.毛俊杰，译.桂林：广西师范大学出版社，2015.

[12] 傅勇，张晏.中国式分权与财政支出结构偏向：为增长而竞争的代价.管理世界，2007（3）：4-12.

[13] 高敏雪，李静萍，许健.国民经济核算原理与中国实践.北京：中国人民大学出版社，2013.

[14] 高培勇.论国家治理现代化框架下的财政基础理论建设.中国社会科学，2014（12）：102-122.

[15] 高培勇.论完善税收制度的新阶段.经济研究，2015，50 (2)：4-15.

[16] 高培勇.中国财税改革40年：基本轨迹、基本经验和基本规律.社会科学文摘，2018（11）：41-42.

[17] 郭庆旺，贾俊雪.财政分权、政府组织结构与地方政府支出规模.经济研究，2010，45（11）：59-72.

[18] 郭庆旺，吕冰洋，等.中国分税制：问题与改革.北京：中国人民大学出版社，2014.

[19] 郭庆旺.减税降费的潜在财政影响与风险防范.管理世界，2019，35（6）：1-10.

[20] 国家卫生和计划生育委员会流动人口司.中国流动人口发展报告

(2013). 北京：中国人口出版社，2013.

[21] 海伍德. 政治学. 张立鹏，译. 北京：中国人民大学出版社，2013.

[22] 韩保江，张慧君. 中国特色社会主义政治经济学对西方经济学理论的借鉴与超越：学习习近平总书记关于中国特色社会主义政治经济学的论述. 管理世界，2017 (7)：1-16.

[23] 何轩，马骏. 被动还是主动的社会行动者?：中国民营企业参与社会治理的经验性研究. 管理世界，2018，34 (2)：34-48.

[24] 何振一. 理论财政学. 北京：中国财政经济出版社，1987.

[25] 亨廷顿. 变化社会中的政治秩序. 王冠华，刘为，等译. 上海：上海人民出版社，2015.

[26] 贾俊雪，郭庆旺. 政府间财政收支责任安排的地区经济增长效应. 经济研究，2008 (6)：37-49.

[27] 柯武刚，史漫飞. 制度经济学：社会秩序与公共政策. 韩朝华，译. 北京：商务印书馆，2004.

[28] 李猛，周飞舟，李康. 单位：制度化组织的内部机制. 中国社会科学季刊（香港），1996 (16).

[29] 李平，王春晖，于国才. 基础设施与经济发展的文献综述. 世界经济，2011，34 (5)：93-116.

[30] 李萍，许宏才，李承. 财政体制简明图解. 北京：中国财政经济出版社，2010.

[31] 李时宇. 中国税制改革：迈向统一市场的步伐. 北京：经济科学出版社，2018.

［32］李涛，周业安.财政分权视角下的支出竞争和中国经济增长：基于中国省级面板数据的经验研究.世界经济，2008（11）：3-15.

［33］李永友，沈玉平.财政收入垂直分配关系及其均衡增长效应.中国社会科学，2010（6）：108-124.

［34］林毅夫，蔡昉，李周.中国的奇迹：发展战略与经济改革.上海：上海人民出版社，1999.

［35］林毅夫，蔡昉，李周.中国的奇迹：发展战略与经济改革.增订版.上海：格致出版社，上海三联书店，上海人民出版社，2014.

［36］刘冲，乔坤元，周黎安.行政分权与财政分权的不同效应：来自中国县域的经验证据.世界经济，2014，37（10）：123-144.

［37］刘尚希，李成威，杨德威.财政与国家治理：基于不确定性与风险社会的逻辑.财政研究，2018（1）：10-19.

［38］刘伟.经济新常态与供给侧结构性改革.管理世界，2016（7）：1-9.

［39］刘晓路，郭庆旺.财政学300年：基于国家治理视角的分析.财贸经济，2016（3）：5-13.

［40］刘怡，余向荣.现代税收的起源：税收意识的视角.财政研究，2006（2）：67-69.

［41］刘佐.中国税制改革40年的简要回顾（1978～2018年）.经济研究参考，2018（38）：3-12.

［42］楼继伟.中国政府间财政关系再思考.北京：中国财政经济出版社，2013.

［43］卢梭.社会契约论.李平沤，译.北京：商务印书馆，2011.

［44］路风.单位：一种特殊的社会组织形式.中国社会科学，1989 (1)：71-88.

［45］罗森，盖亚.财政学：10版.郭庆旺，译.北京：中国人民大学出版社，2015.

［46］罗斯.社会控制.秦志勇，毛永政，译.北京：华夏出版社，1989.

［47］罗斯托.从起飞进入持续增长的经济学.贺力平，等译.成都：四川人民出版社，1988.

［48］吕冰洋.政府间税收分权的配置选择和财政影响.经济研究，2009，44 (6)：16-27.

［49］吕冰洋.公共经济学评论：第6卷.北京：中国财政经济出版社，2010.

［50］吕冰洋.税收分权研究.北京：中国人民大学出版社，2011.

［51］吕冰洋，郭庆旺.中国税收高速增长的源泉：税收能力和税收努力框架下的解释.中国社会科学，2011 (2)：76-90.

［52］吕冰洋.零售税的开征与分税制的改革.财贸经济，2013 (10)：17-26.

［53］吕冰洋，蔡红英，崔茂权.实现消费地原则的增值税改革：政府间财政关系的破解之策.中央财经大学学报，2015 (6)：3-9.

［54］吕冰洋，陈志刚.中国省际资本、劳动和消费平均税率测算.财贸经济，2015 (7)：44-58.

［55］吕冰洋.论推动国家治理的税制改革.税务研究，2015 (11)：13-18.

［56］吕冰洋，马光荣，毛捷.分税与税率：从政府到企业.经济研究，2016，51（7）：13－28.

［57］吕冰洋.税制结构理论的重构：从国民收入循环出发.税务研究，2017（8）：5－13.

［58］吕冰洋.地方税系的建设原则与方向.财经智库，2018，3（2）：13－24.

［59］吕冰洋.官员行为与财政行为.财政研究，2018（11）：23－27.

［60］吕冰洋，毛捷，马光荣.分税与转移支付结构：专项转移支付为什么越来越多?.管理世界，2018，34（4）：25－39.

［61］吕冰洋.“国家治理财政论”：从公共物品到公共秩序.财贸经济，2018，39（6）：14－29.

［62］吕冰洋，台航.从财政包干到分税制：发挥两个积极性.财贸经济，2018，39（10）：17－29.

［63］吕冰洋，台航.国家能力与政府间财政关系.政治学研究，2019（3）：94－107.

［64］吕炜，张妍彦，周佳音.财政在中国改革发展中的贡献：探寻中国财政改革的实践逻辑.经济研究，2019，54（9）：25－40.

［65］马骏.中国公共预算面临的最大挑战：财政可持续.国家行政学院学报，2013（5）：19.

［66］马珺.财政学研究的不同范式及其方法论基础.财贸经济，2015（7）：15－28.

［67］马珺.通往主体税种之路：以美国联邦个人所得税为例.税务研究，2020（4）：55－61.

[68] 毛捷，吕冰洋，陈佩霞.分税的事实：度量中国县级财政分权的数据基础.经济学（季刊），2018，17（2）：499-526.

[69] 米格代尔.强社会与弱国家：第三世界的国家社会关系及国家能力.张长东，朱海雷，隋春波，等译.南京：江苏人民出版社，2012.

[70] 米格代尔.社会中的国家：国家与社会如何相互改变与相互构成.李杨，郭一聪，译.南京：江苏人民出版社，2013.

[71] 莫纪宏.国家治理体系和治理能力现代化与法治化.法学杂志，2014，35（4）：21-28.

[72] 诺思.制度、制度变迁与经济绩效.杭行，译.上海：格致出版社，上海三联书店，上海人民出版社，2008.

[73] 诺思，瓦利斯，温格斯特.暴力与社会秩序.杭行，王亮，译.上海：上海人民出版社，2013.

[74] 庞明川.中国特色宏观调控的实践模式与理论创新.财经问题研究，2009（12）：17-24.

[75] 乔宝云.中央与地方财政关系改革的关键问题.财经智库，2017（1）：51-80.

[76] 乔宝云，范剑勇，冯兴元.中国的财政分权与小学义务教育.中国社会科学，2005（6）：37-46.

[77] 沈坤荣，付文林.中国的财政分权制度与地区经济增长.管理世界，2005（1）：31-39.

[78] 石绍宾，樊丽明.对口支援：一种中国式横向转移支付.财政研究，2020（1）：3-12.

[79] 王沪宁.集分平衡：中央与地方的协同关系.复旦学报（社会科

学版），1991（2）：27 - 36.

[80] 王鹏，杜婕. 我国政府间财政转移支付制度存在的问题及对策. 经济纵横，2011（2）：118 - 121.

[81] 王绍光，胡鞍钢. 中国国家能力报告. 沈阳：辽宁人民出版社，1993.

[82] 王绍光. 分权的底线. 北京：中国计划出版社，1997.

[83] 王绍光. 国家治理与基础性国家能力. 华中科技大学学报（社会科学版），2014，28（3）：8 - 10.

[84] 王仲伟，胡伟. 国家能力体系的理论建构. 国家行政学院学报，2014（1）：18 - 22.

[85] 吴晗，费孝通，等. 皇权与绅权. 天津：天津人民出版社，1988.

[86] 谢贞发，范子英. 中国式分税制、中央税收征管权集中与税收竞争. 经济研究，2015，50（4）：92 - 106.

[87] 杨光斌. "国家治理体系和治理能力现代化" 的世界政治意义. 政治学研究，2014（2）：3 - 6.

[88] 杨默如. 中国税制改革 70 年：回顾与展望. 税务研究，2019（10）：29 - 35.

[89] 杨志勇. 中国税制 40 年：经济、社会与国家治理视角. 国际税收，2018（12）：16 - 23.

[90] 杨志勇，张斌，汤林闽. 中国政府资产负债表（2019）. 北京：社会科学文献出版社，2019.

[91] 尹恒，朱虹. 县级财政生产性支出偏向研究. 中国社会科学，2011（1）：88 - 101.

[92] 尹恒，杨龙见.地方财政对本地居民偏好的回应性研究.中国社会科学，2014（5）：96-115.

[93] 俞可平.推进国家治理体系和治理能力现代化.前线，2014（1）：5-8.

[94] 岳希明，蔡萌.现代财政制度中的转移支付改革方向.中国人民大学学报，2014，28（5）：20-26.

[95] 张斌.数字经济对税收的影响：挑战与机遇.国际税收，2016（6）：30-32.

[96] 张立承.省对下财政体制研究.北京：经济科学出版社，2011.

[97] 张五常.中国的经济制度.北京：中信出版社，2009.

[98] 张玄，岳希明，邵佳根.个人所得税收入再分配效应的国际比较.国际税收，2020（7）：18-24.

[99] 张晏，龚六堂.分税制改革、财政分权与中国经济增长.经济学（季刊），2005（4）：75-108.

[100] 赵文哲.财政分权与前沿技术进步、技术效率关系研究.管理世界，2008（7）：34-44.

[101] 郑春勇.对口支援中的"礼尚往来"现象及其风险研究.人文杂志，2018（1）：122-128.

[102] 钟晓敏，岳瑛.论财政纵向转移支付与横向转移支付制度的结合：由汶川地震救助引发的思考.地方财政研究，2009（5）：26-30.

[103] 周光辉，王宏伟.对口支援：破解规模治理负荷的有效制度安排.学术界，2020（10）：14-32.

[104] 周庆智.县政治理：权威、资源、秩序.北京：中国社会科学出

版社，2014.

[105] 周雪光.“逆向软预算约束”：一个政府行为的组织分析. 中国社会科学，2005（2）：132-143.

[106] 朱恒鹏. 鼓励医疗服务模式创新 引领医疗体制改革. 财经智库，2016，1（1）：35-48.

[107] 朱青. 关于对纳税人权利的一点看法. 中国税务，2009（12）：56-57.

[108] Acemoglu D. Politics and economics in weak and strong states. Journal of monetary economics，2005，52（7），1199-1226.

[109] Acemoglu D, Moscona J, Robinson J A. State capacity and American technology：evidence from the nineteenth century. American economic review，2016，106（5）：61-67.

[110] Ambrosiano M F, Bordignon M. The handbook of fiscal federalism. London：Elgar，2006.

[111] Barro R J. Government spending in a simple model of endogeneous growth. Journal of political economy，1990，98（5）：103-125.

[112] Bell S, Hindmoor A. Rethinking governance：the centrality of the state in modern society illustrated edition. Cambridge：Cambridge University Press，2009.

[113] Besley T, Persson T. The origins of state capacity：property rights, taxation and politics. American economic review，2009，99（4）：1218-1244.

[114] Besley T, Torsten P. Pillars of prosperity：the political econom-

ics of development cluster. Princeton: Princeton University Press, 2011.

[115] Bird R M, Gendron P P. Dual VATs and cross-border trade: two problems, one solution?. International tax and public finance, 1998, 5 (3): 429 – 442.

[116] Bird R M, Gendron P P. CVAT, VIVAT, and dual VAT: vertical "sharing" and interstate trade. International tax public finance, 2000, 7 (6): 753 – 761.

[117] Buchanan J M. The demand and supply of public goods. Chicago: Rand McNally & Company, 1968.

[118] Brennan G, Buchanan J. The power to tax: analytical foundations of a fiscal constitution. Cambridge: Cambridge University Press, 1980.

[119] Campbell J L. An institutional analysis of fiscal reform in post-communist Europe. Theory and society, 1996, 25 (1): 45 – 84.

[120] Chen C. Fiscal decentralization, collusion and government size in China's transitional economy. Applied economics letters, 2004, 11 (11): 699 – 705.

[121] Chetty R, Looney A, Kroft K. Salience and taxation: theory and evidence. American economic review, 2009, 99 (4): 1145 – 1177.

[122] Cornick J. Public sector capabilities and organization for successful PDP's. Washington, D. C. : Inter-American Development Bank, 2013.

[123] Dougan W R, Kenyon D A. Pressure groups and pubic expenditures: the flypaper effect reconsidered. Economic Inquiry, 1988, 26 (1): 159 – 170.

［124］Dwyer B. Canada-corporate taxation. IBFD, 2014.

［125］Edwards J, Keen M. Tax competition and Leviathan. European economic review, 1996, 40 (1): 113 - 134.

［126］Filimon R, Romer T, Rosenthal H. Asymmetric information and agenda control: the bases of monopoly power in public spending. Journal of public economics, 1982, 17 (1): 51 - 70.

［127］Goldin J, Homonoff T. Smoke gets in your eyes: cigarette tax salience and regressivity. American economic journal: economic policy, 2013, 5 (1): 302 - 336.

［128］Gramlich E M, Galper H. State and local fiscal behavior and federal grant policy. Brookings papers on economic activity, 1973 (1): 15 - 65.

［129］Harberger A C. The incidence of the corporation income tax. Journal of political economy, 1962, 70 (3): 215 - 240.

［130］Hayek F A. Studies in philosophy, politics and economics. London: Routledge & Kegan Paul, 1967.

［131］Hettich W, Winer S L. Democratic choice and taxation: a theoretical and empirical analysis. Cambridge: Cambridge University Press, 2000.

［132］Jin H, Qian Y, Weingast B R. Regional decentralization and fiscal incentives: federalism, Chinese style. Journal of public economics, 2004, 89 (9): 1719 - 1742.

［133］Jones L E, Manuelli R E, Rossi P E. Optimal taxation in models of endogenous growth. Journal of political economy, 1993, 101 (3): 485 - 517.

[134] Keen M, Smith S. The future of value added tax in the European Union. Economic policy, 1996, 11 (23): 375－420.

[135] Koen C, Kees G, Chen W, et al. Income inequality and fiscal redistribution in 31 countries after the crisis. Comparative economic studies, 2018 (79): 1－30.

[136] Lu F. The origins and formation of the unit (danwei) system. Chinese sociology and anthropology, 1993, 25 (3): 1ff.

[137] Mclure C E. Implementing subnational value added taxes on internal trade: the compensating VAT (CVAT). International tax and public finance, 2000, 7 (6): 723－740.

[138] Mendoza E G, Razin A, Tesar L L. Effective tax rates in macroeconomics: cross-country estimates of tax rates on factor incomes and consumption. Journal of monetary economics, 1994, 34 (3): 297－323.

[139] Musgrave R A. The theory of public finance: a study in public economy. New York: McGraw-Hill, 1959.

[140] Musgrave R A. The theory of public finance: a study in public economics. Journal of political economy, 1960, 68 (2): 194.

[141] Musgrave R A. Schumpeter's crisis of the tax state: an essay in fiscal sociology. Journal of evolutionary economics, 1992, 2 (2): 89－113.

[142] Oates W E. Fiscal federalism. Cheltenham: Edward Elgar Publishing, 1972.

[143] Oates W E. Fiscal federalism. New York: Harcourt Brace Jovanovich, 1972.

［144］Oates W E. Lump‐Sum intergovernmental grants have price effects // Fiscal federalism and Grants‐in‐aid. Washington: The Urban Institute, 1979: 23‐30.

［145］Park R E. On social control and collective behavior. Chicago: The University of Chicago Press, 1967.

［146］Persson T, Tabellini G. Political economics: explaining economic policy. Cambridge, M. A.: MIT Press, 2000.

［147］Qian Y, Weingast B R. Federalism as a commitment to preserving market incentives. Journal of economic perspectives, 1997, 11 (4): 83‐92.

［148］Qian Y, Roland G. Federalism and the soft budget constraint. The American economic review, 1998, 88 (5): 1143‐1162.

［149］Qiao B, Martinez-Varquez J, Xu Y. The tradeoff between growth and equity in decentralization policy: China's experience. Journal of development economics, 2008, 86 (1): 112‐128.

［150］Ricardo V. A tributacao de Comercio interstadual: ICMS versus ICMS partilhado. Texto par Discussao No. 382, 1995.

［151］Rostow W W. Politics and the stages of growth. Cambridge: Cambridge University Press, 1971.

［152］Salamon L M. The new governance and the tools of public action: an introduction. Oxford: Oxford University Press, 2002.

［153］Salamon L M. Rethinking corporate social engagement: lessons from Latin America. Sterling: Kumarian Press, 2010.

[154] Schumpeter J A. The economics and sociology of capitalism. Princeton: Princeton University Press，1918.

[155] Tiebout C M. A pure theory of local expenditures. Journal of political economy，1956，64（5）：416 - 424.

[156] Galeotti G，Salmon P，Wintrobe R. Competition and structure: the political economy of collective decisions. New York: Cambridge University Press，2000.

[157] Zhuravskaya E V. Incentives to provide local public goods: fiscal federalism，Russian style. Journal of public economics，2000，76（3）：337 - 368.

图书在版编目（CIP）数据

走向现代财政："国家治理财政"视角/吕冰洋著
. -- 北京：中国人民大学出版社，2022.9
（中国式现代化研究丛书 / 张东刚，刘伟总主编）
ISBN 978-7-300-30773-2

Ⅰ.①走… Ⅱ.①吕… Ⅲ.①财政管理-研究-中国
Ⅳ.①F812.2

中国版本图书馆 CIP 数据核字（2022）第 109080 号

中国式现代化研究丛书
张东刚　刘　伟　总主编
走向现代财政："国家治理财政"视角
吕冰洋　著
Zouxiang Xiandai Caizheng："Guojia Zhili Caizheng" Shijiao

出版发行	中国人民大学出版社			
社　　址	北京中关村大街 31 号		**邮政编码**	100080
电　　话	010 - 62511242（总编室）		010 - 62511770（质管部）	
	010 - 82501766（邮购部）		010 - 62514148（门市部）	
	010 - 62515195（发行公司）		010 - 62515275（盗版举报）	
网　　址	http://www.crup.com.cn			
经　　销	新华书店			
印　　刷	涿州市星河印刷有限公司			
规　　格	165 mm×238 mm　16 开本		**版　　次**	2022 年 9 月第 1 版
印　　张	19.75 插页 2		**印　　次**	2024 年 1 月第 5 次印刷
字　　数	202 000		**定　　价**	64.00 元